Vincenzo Morano - Alessandra Muzzi

Piazza Italia 2

agili percorsi per rivisitare la lingua e la civiltà d'Italia

ALMA Edizioni - Firenze

Direzione editoriale: Ciro Massimo Naddeo
Redazione: Carlo Guastalla, Ciro Mazzotta, Euridice Orlandino, Chiara Sandri

Progetto copertina: Sergio Segoloni
Progetto e realizzazione grafica: Andrea Caponecchia
Illustrazioni: Luca Usai

Printed in Italy
ISBN 978-88-6182-100-2

Prima edizione: dicembre 2011

Alma Edizioni
Viale dei Cadorna, 44
50129 Firenze
tel. + 39 055476644
fax + 39 055473531
alma@almaedizioni.it
www.almaedizioni.it

Piazza Italia 2 è una raccolta di agili percorsi didattici per "rivisitare" l'italiano e l'Italia, con le sue tipicità, le curiosità e le storie di persone che la caratterizzano.
Con questo libro vogliamo offrire agli apprendenti stranieri attività didattiche utili, piacevoli, coinvolgenti e forse un po' diverse, per rivedere e consolidare alcuni punti salienti della nostra lingua, in maniera leggera e giocosa. La maggior parte delle attività è basata su momenti di confronto e sul lavoro fra pari, che riteniamo fondamentali nel processo di apprendimento di una lingua, in quanto rendono gli studenti più attivi, collaborativi e consapevoli.

Il libro è composto da 15 percorsi, di difficoltà progressiva, per studenti di livello B1, B2 e C1: ognuna delle unità di apprendimento è costruita intorno a un argomento legato, in qualche modo, all'italianità ed è strutturata in fasi evidenziate da simboli ricorrenti.

Per ricordare
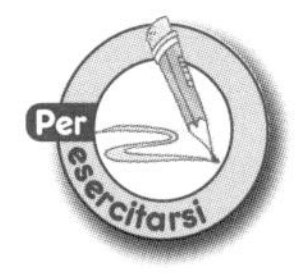

Ogni percorso si apre con *Per cominciare*, che introduce all'argomento dell'unità, motivando lo studente con attività diverse: test, previsioni, anagrammi, associazioni disegno-parola, piccole conversazioni, ecc.
Il testo input di ogni unità è sempre presentato in *Per leggere*. Il materiale selezionato è tratto da quotidiani, riviste, forum e siti web ed è accompagnato da attività di comprensione e di lessico. Abbiamo lavorato con materiali autentici, perché siamo convinti che per imparare a leggere in una lingua straniera occorra accettare di non poter capire ogni singola parola del testo.
La sezione *Per ricordare* prevede, invece, momenti di focalizzazione sulla grammatica nei quali gli studenti riflettono sui meccanismi della lingua e si "conquistano" le regole, partendo da esempi tratti dal testo input.
I box, indicati da un vigile che chiede di fermarsi allo stop, hanno lo scopo di rivedere, approfondire e consolidare argomenti grammaticali più o meno noti, nei loro aspetti più problematici.
Per fare pratica, ecco allora *Per esercitarsi*, con attività di morfosintassi ed esercizi per ampliare il lessico e per conoscere alcune delle espressioni idiomatiche che colorano la lingua italiana.
Per chiacchierare e *Per scrivere* sono dedicati, invece, alla produzione della lingua - orale e scritta - e partono da input attinenti all'argomento dell'unità, al fine di riutilizzare idee, lessico, strutture lavorate in precedenza.
Per giocare include diversi tipi di attività per "usare" l'italiano in giochi linguistici, giochi da tavolo, cruciverba e rebus da risolvere con i compagni, divertendosi.

Non abbiamo la pretesa di offrire la "chiave magica" per le vostre lezioni, ma speriamo che questo libro, a cui abbiamo lavorato con passione ed entusiasmo, possa motivare, divertire e aiutare molti apprendenti stranieri, giovani e meno giovani, in Italia e in ogni parte del mondo.
Convinti che per imparare una lingua occorra conquistarsela, mettendosi in gioco, anche in senso letterale, auguriamo a tutti - studenti e colleghi - un piacevole "soggiorno" in **Piazza Italia**.

Gli autori

Indice

Unità	Livello	Argomento	Contenuti grammaticali	Contenuti lessicali
9. L'intervista impossibile Pag. 68	B2	la vitalità del congiuntivo	**avverbi** (focus: morfologia degli avverbi in *-mente*) **congiuntivo** (focus: funzioni e morfologia dei verbi irregolari)	**area semantica** *termini relativi alla sociolinguistica e all'apprendimento delle lingue*
10. Siamo al verde Pag. 77	B2	i nuovi stili di consumo degli italiani	**scelta dell'ausiliare** (focus: verbi con doppio ausiliare) **aggettivi** (focus: morfologia degli aggettivi in *-ale,-ile, -ico, -are*)	**area semantica** *economia e finanza* **espansione** *forme idiomatiche con i colori* **espressioni** *età dell'oro, passare dall'essere formiche all'essere cicale, la musica è cambiata, stringere la cinghia*
11. Viaggio in Italia Pag. 85	C1	consigli per un viaggiatore in Italia	**imperativo** (focus: forma e posizione dei pronomi con l'imperativo formale e informale) **congiunzioni** (focus: *come se, sebbene, tuttavia, nel caso, pur, però*)	**area semantica** *stereotipi* **espressioni** *arrivare al sodo, avere a cuore, filare liscio, entrare da primadonna, avere un gran cuore, attaccare bottone, avere una marcia in più, darla a bere, ridere sotto i baffi, vendere aria fritta, in bocca al lupo, in capo al mondo, avere un nodo in gola*
12. Vita da cani Pag. 94	C1	animali domestici	**particelle pronominali** (focus: le funzioni, la posizione e l'accordo della particella *ne* con il participio passato) **pronomi relativi** (focus: *che* + congiuntivo nelle proposizioni relative che descrivono una caratteristica richiesta)	**area semantica** *animali domestici* **espressioni** *tirare i remi in barca, un corno, a zonzo*
13. I labirinti del consumo Pag. 102	C1	consumismo	**pronomi relativi** (focus: funzioni di *che* e *cui*)	**area semantica** *spazio pubblico e arredo urbano* **espressioni** *è necessario, sarebbe opportuno, sarebbe utile, sarebbe meglio, è importante, bisogna*
14. Torquato abbandonato Pag. 111	C1	anziani	**aggettivo** (focus: cambiamenti di significato in base alla posizione) **forme implicite** (focus: funzioni ed uso del gerundio nelle frasi subordinate)	**espansione** *parole inglesi nella lingua italiana, incidenti domestici*
15. Suona e si accende Pag. 118	C1	nuove tecnologie e design	**subordinate** (focus: funzioni del participio presente)	**area semantica** *design* **espressioni** *mettere a fuoco, mettere a segno, mettere in croce, mettere su, mettere bocca, mettere il naso, mettere in bocca, dare manforte, dare buca, dare il la, dare adito, dare spago, dare nell'occhio, dare fuori*

1 Come diventare italiani

1) Il vero italiano

Completa la tabella in base alla tua esperienza e confrontati con un compagno.

Per essere dei veri italiani bisogna...	
parlare... *(Come? Di cosa?)*	**vestirsi...**
bere...	**mangiare...**
altro...	

a) Come diventare italiani in 24 ore
Leggi il testo.

Come diventare italiani in 24 ore

Lily-Amber Laila Wadia, quarantaquattrenne indiana che vive e lavora a Trieste dal 1986, ha recentemente pubblicato *Come diventare italiani in 24 ore*. "Avevo 21 anni, una valigia di vestiti fuori moda e due certezze: che mi avrebbero rubato il portafoglio e pizzicato il sedere. Non è successo né l'uno né l'altro e ho subito capito che circolavano un sacco di false notizie su questo paese. Mi sono dovuta ricredere. Così, in chiave ironica, ho voluto riassumere la mia esperienza di straniera e il risultato è un diario in cui misuro il mio *quoziente di italianità*". Il libro contiene anche un corso di integrazione per i nuovi arrivati.
A Wadia abbiamo chiesto di dare 4 consigli ai nuovi immigrati. Ecco quello che ci ha detto:

1. Scegliti un nome.
Se hai un nome difficile da pronunciare, datti un soprannome. Meglio un nome che permetta delle varianti, perché gli italiani si stufano di chiamarti sempre allo stesso modo, e meglio evitare "Matteo" perché è inflazionato. Molti cinesi l'hanno scelto perché non c'è la lettera "r".

2. Impara un dialetto.
Fare bella figura è direttamente proporzionale alla scioltezza con la quale uno mastica l'italiano. Tuttavia, mentre la lingua italiana agevola la comunicazione, il dialetto ti permette di entrare nel cuore della gente. Impara subito qualche proverbio locale.

3. Metti le scarpe giuste.
In Italia la moda è religione e l'abito fa il monaco, quindi bisogna investire in un guardaroba adatto per aprire le porte che vuoi.
L'importante è non trascurare le scarpe – sono un dettaglio cruciale – perché la gente ti squadra dalla testa ai piedi.

4. Sappi ordinare un caffè.
Il cibo carbura sia il corpo sia l'anima degli italiani. Li fa cantare, sopportare le tasse e il tran tran quotidiano. Il *must*, più che mangiare (sono tutti a dieta), è parlare di cibo, spesso etnico (attenzione: è in discesa il *sushi*, in salita il *cheesecake*). Poi al bar, la mattina, ordinando un caffè, bisogna specificarne l'origine, la temperatura, la quantità di acqua e schiuma e il tipo di tazza.

(da *Vanity Fair*)

b) Frasi spezzate
Ricomponi le frasi, come nell'esempio.

1. *Lily-Amber Laila Wadia*	**a.** ti mette in comunicazione diretta con la gente.
2. Nel libro l'autrice	**b.** ama tanto parlare di cibo.
3. Se il tuo nome è difficile	**c.** *ha pubblicato il suo libro da poco.*
4. Il dialetto	**d.** è fondamentale per gli italiani.
5. La moda	**e.** racconta il suo inserimento in Italia e dà dei consigli.
6. La popolazione italiana	**f.** cercati un soprannome.

3a A caccia di parole

*Cerca nello schema le parole corrispondenti alle definizioni, come nell'esempio. Le parole si trovano al punto **2a** alle righe indicate fra parentesi.*

1. *Una grande quantità* (righe 10 – 15)
2. Quaderno dove scrivo quello che mi è successo giorno per giorno (righe 15 – 20)
3. Livello di italianità (righe 15 – 20)
4. Nomignolo (righe 25 – 30)
5. Si annoiano (righe 25 – 30)
6. Parla (righe 35 – 40)
7. Ti guarda come sei vestito (righe 50 – 55)
8. Di tutti i giorni (righe 60 – 65)
9. Una cosa bianca, morbida, che è sopra il cappuccino o il caffè (righe 65 – 69)

S	T	R	X	A	M	C	R	I	E	Q	M
Q	U	G	R	J	J	O	N	L	X	U	A
Q	Q	N	I	Y	U	D	S	P	S	O	S
B	U	Y	S	Q	S	C	L	I	V	Z	T
Y	A	O	W	A	H	X	S	A	Z	I	I
S	K	O	T	I	C	T	L	G	E	E	C
I	H	T	U	I	U	C	Y	K	C	N	A
C	T	M	B	F	D	N	O	J	Q	T	H
G	A	D	A	S	H	I	W	M	D	E	S
P	Q	N	W	G	D	I	A	R	I	O	I
T	O	S	O	P	R	A	N	N	O	M	E
T	I	S	Q	U	A	D	R	A	O	T	P

3b Il proverbio

Leggi il proverbio e scegli il significato.

L'abito non fa il monaco.

- ○ Non è l'aspetto esteriore che qualifica una persona.
- ○ Bisogna curare l'aspetto esteriore in relazione al lavoro o al ruolo che abbiamo.

*Nel testo al punto **2a** hai trovato l'espressione **"In Italia l'abito fa il monaco"**. Sei d'accordo? Discutine con un compagno.*

4 Stereotipo o realtà

Completa la tabella, indicando con una X se, secondo te, le affermazioni corrispondono alla realtà o sono stereotipi. Poi discutine con un compagno.

Affermazione	Stereotipo	Realtà
Gli italiani parlano a voce alta.		
In Italia si lavora poco rispetto agli altri paesi europei.		
Gli italiani mangiano molto.		
In Italia pochissimi parlano inglese.		
Le città italiane sono sporche.		
Gli italiani amano gli abiti griffati.		
Gli italiani sono molto religiosi.		

Per ricordare

*Leggi le frasi tratte dal testo al punto **2a** e scegli l'opzione corretta.*

*Così, in chiave ironica, **ho voluto riassumere** la mia esperienza di straniera.*

Mi sono dovuta ricredere.

Il passato prossimo dei verbi *dovere, potere, volere* si forma con l'ausiliare

○ *essere.* ○ *avere.* ○ *essere* o *avere*, dipende dal verbo che segue.

5 **L'intervista allo specchio.**
*Completa l'intervista con il passato prossimo dei verbi **dovere, potere, volere.***

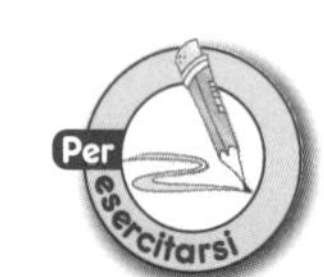

la Repubblica.it

Home | Repubblica TV | Politica | Cronaca | News Control | Cronache dalle Città | Economia | Esteri | Ambiente | Foto | Multimedia | Ora per Ora | Annunci
Sport | Motori | Persone | Star Control | Lavoro | Scuola&Giovani | Spettacoli&Cultura | Style&Design | Tecno&Scienze | Viaggi | Arte | Week-In | Meteo

Un'esperienza d'integrazione

In questo periodo tutti i mass-media parlano dei problemi legati all'immigrazione e all'inserimento degli stranieri nel nostro paese. L'integrazione è in genere presentata come un processo difficile e faticoso. Ma non sempre è così. Ecco per esempio l'esperienza di Manu Saviano, uno studente di origine indiana che frequenta la classe quarta del Liceo Scientifico "Galilei" di Trieste.

Come ti presenteresti a chi non ti conosce?

Sono un ragazzo maggiorenne, semplice, del tutto simile a tanti miei coetanei. Mi piace studiare e amo molto lo sport. La mia infanzia in India è stata molto triste: i miei genitori, dopo la separazione, non (*potere*) ________________ prendersi cura di me e di mio fratello. Così (*noi - dovere*) ________________ vivere alla giornata, in mezzo alla strada e nelle stazioni ferroviarie. Quattro anni dopo, (*noi - potere*) ________________ andare in un istituto e presto abbiamo ricevuto la notizia della nostra adozione da parte di una famiglia italiana.

Come sono stati i tuoi primi momenti in Italia e quali difficoltà hai avuto?

Al mio arrivo sono stato inserito in terza elementare. Mi sentivo estraneo in mezzo a tanti bambini con il colore della pelle diverso. (*Dovere*) ________________ imparare una nuova lingua e (*dovere*) ________________ entrare in contatto con una nuova cultura. Ero disorientato: ogni cosa era nuova e sconosciuta.

Poiché vivi qui ormai da nove anni, hai mai avuto problemi legati al colore della tua pelle?

Raramente, precisamente durante le partite di calcio, ma (*volere*) ________________ evitare il conflitto e la lite aperta. A parte questo mi sento stimato e apprezzato dai miei amici per come sono.

(da *www.repubblica.it*)

Per ricordare

*Leggi le frasi tratte dal testo al punto **2a**, rispondi alle domande e scegli l'opzione corretta.*

> *Avevo 21 anni, una valigia di vestiti fuori moda e due certezze: che mi avrebbero rubato il portafoglio e pizzicato il sedere.* Non è successo ***né*** l'uno ***né*** l'altro…

a. Che cosa non è successo a Lily-Amber Laila Wadia?

1. ______________________ 2. ______________________

Né…né si usa per mettere in relazione due o più elementi
- ○ con significato negativo.
- ○ con significato positivo.

> *Il cibo carbura **sia*** il corpo ***sia*** l'anima *degli italiani.*

b. Cosa carbura il cibo?

1. ______________________ 2. ______________________

Sia…sia si usa per mettere in relazione due o più elementi
- ○ con significato negativo.
- ○ con significato positivo.

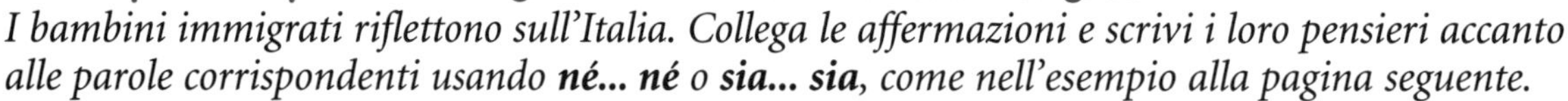

6 Italiani per esempio: l'Italia e gli italiani visti dai bambini immigrati

*I bambini immigrati riflettono sull'Italia. Collega le affermazioni e scrivi i loro pensieri accanto alle parole corrispondenti usando **né... né** o **sia... sia**, come nell'esempio alla pagina seguente.*

1. *Mia madre prende il sole solamente in Africa.*	**a.** Berlusconi è il capo della Sardegna.
2. A Casablanca non c'è il presepe.	**b.** Berlusconi vince le partite di calcio.
3. Berlusconi è il capo dell'Italia.	**c.** Io non voglio essere chiamato rom.
4. In Italia le donne possono sposare uomini bianchi.	**d.** Gli italiani sono americani.
5. Berlusconi vince le elezioni.	**e.** *Mio padre prende il sole solamente in Africa.*
6. Gli italiani non sono tristi.	**f.** Gli italiani hanno inventato i vestiti.
7. Io non voglio essere chiamato zingaro.	**g.** In Italia le donne possono sposare uomini di colore.
8. Gli italiani sono italiani.	**h.** Gli italiani non sono felici.
9. Gli italiani hanno inventato il cibo.	**i.** A Casablanca non c'è l'albero di Natale.

1/ *e* *Sia mia madre sia mio padre prendono il sole solamente in Africa.*

2/__ ____________________

3/__ ____________________

4/__ ____________________

5/__ ____________________

6/__ ____________________

7/__ ____________________

8/__ ____________________

9/__ ____________________

(da *www.redbiancoenero.com*)

7 Secondo me...

Per chiacchierare

Confrontati con un compagno ed esprimi il tuo pensiero sugli italiani prendendo spunto dalle parole della lista.

colore · coraggio · dittatura · figli · immigrati · politica

mafia · maschilismo · pensieri · tipi · tv

8 Come diventare ________________ in 24 ore

Per scrivere

Scrivi un testo in cui dai dei consigli a chi vuole vivere nel tuo paese.

2 Siamo felici?

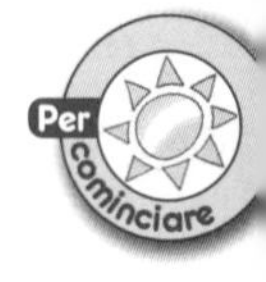

1a L'aforisma

Risolvi il crittogramma: ad ogni numero corrisponde una lettera dell'alfabeto. Leggerai una frase celebre di Oscar Wilde sulla felicità.

A	B	C	D	E	F	G	H	I	J	K	L	M	N	O	P	Q	R	S	T	U	V	W	X	Y	Z
		10	24	11			16				1					26			19		14				

_ _ (1 21) _ _ _ _ _ _ _ _ (2 11 1 25 10 25 19 21) _ _ _ (9 7 9) È _ _ _ _ _ (21 14 11 17 11) _ _ _ _ _ _ (26 3 11 1 1 7)

_ _ _ (10 16 11) _ _ (15 25) _ _ _ _ _ _ _ _ (24 11 15 25 24 11 17 21) _ _ (12 21) _ _ _ _ _ _ _ _ _ _ (24 11 15 25 24 11 17 21 17 11)

_ _ _ _ _ _ (26 3 11 1 1 7) _ _ _ (10 16 11) _ _ (15 25) _ _ (26 21)

Cosa ne pensi? Sei d'accordo? Parla con un compagno.

1b Secondo me gli italiani...

Secondo te come hanno risposto gli italiani a questo sondaggio sulla felicità? Leggi il testo del sondaggio e inserisci le percentuali. Poi confrontati con un compagno.

Se chiedessero a Lei quanto è felice oggi, che cosa risponderebbe?	Per rendere la sua vita migliore avrebbe bisogno soprattutto di ...?	
molto _____%	più salute _____%	più amici _____%
abbastanza _____%	più soldi _____%	più avventure _____%
poco _____%	più tempo _____%	più sesso _____%
	più amore _____%	(non sa, non indica) _____%

2a Meno ricchi, (sempre) più tristi

Leggi l'articolo.

VANITY FAIR.it

NEWS | PEOPLE | STARSTYLE | SHOW | FOOD | BLOG | VIDEO | VANITY ME

La misura della felicità

In Gran Bretagna arriva la "felicità di stato": il premier David Cameron ha infatti dato istruzioni all'Ufficio Nazionale di Statistica di creare un indice per misurare il livello di soddisfazione del suo popolo. Sarebbe il primo stato occidentale a farlo, Francia e Canada stanno valutando se seguire l'iniziativa.

E in Italia, come saremmo messi quanto a felicità? Non troppo bene: solo il 25% dei partecipanti al nostro sondaggio si dichiara complessivamente felice, il 40% si posiziona su valori intermedi, il 35%, invece, è poco felice. I meno felici sono i pensionati e le persone di oltre 65 anni, quelle poco scolarizzate e i residenti nei grandi centri.

Ma che cosa ci manca, soprattutto per migliorare la nostra vita? Al primo posto c'è la salute (37%), al secondo posto i soldi (29%), al terzo il tempo (15%). Seguono gli aspetti più "immateriali": l'amore, gli amici, le relazioni e le emozioni.

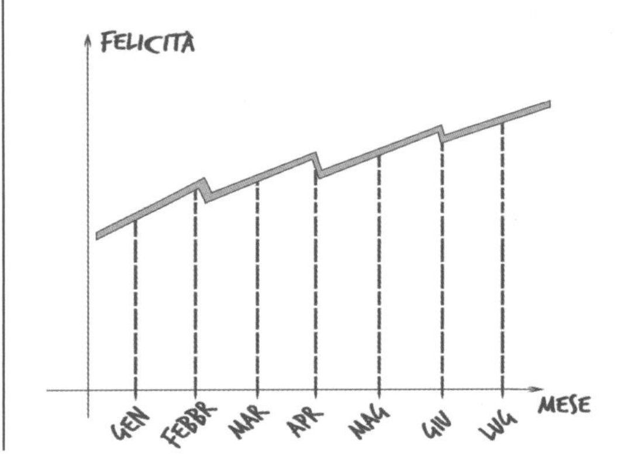

(da *Vanity Fair*)

2b Il sondaggio

*Completa le tabelle del sondaggio con i dati nel testo al punto **2a** e confrontale con quelle che hai compilato al punto **1b**.*

Se chiedessero a Lei quanto è felice oggi, che cosa risponderebbe?	
molto	______%
abbastanza	______%
poco	______%

Per rendere la sua vita migliore avrebbe bisogno soprattutto di ...?			
più salute	__%	più amici	4%
più _____	29%	più avventure	2%
più _____	15%	più sesso	1%
più amore	6%	(non sa, non indica)	6%

3 Test: quanto sei felice?

Leggi le affermazioni e dai a ognuna un punteggio da 1 (falso) a 7 (completamente vero). Alla fine calcola il totale e confronta la cifra con i punteggi riportati sotto. Poi confrontati con un compagno.

Dormo quasi sempre bene durante la notte.	
In generale la mia vita è vicina a quella che ho sempre sognato.	
La parola felicità mi fa venire i brividi.	
Le condizioni della mia vita sono eccellenti.	
Sono soddisfatto della mia vita.	
Per essere felici dovremmo studiare tutti filosofia.	
Frequentare lo psicanalista aiuta a essere felici.	
Ho ottenuto le cose più importanti che volevo dalla mia vita.	
Il nostro umore dipende quasi esclusivamente da noi stessi.	
Se nasco un'altra volta non cambio niente della mia vita.	

Punteggi

61 – 70 = estremamente contento

Continua così!

51 – 60 = molto contento

Cerca di conservare il tuo equilibrio.

41 – 50 = abbastanza contento

Sei sulla buona strada. Impegnati appena appena di più.

31 – 40 = livello medio di felicità

Aiuta le persone che ne hanno bisogno. Vedrai che ti sentirai meglio.

21 – 30 = piuttosto scontento

Cerca di frequentare persone felici. La felicità è contagiosa!

11 – 20= infelice

Non fare confronti con gli altri, ma valorizza gli aspetti positivi della tua vita.

10 – 0 = estremamente infelice

Non sentirti responsabile delle cose negative che ti succedono. Fai una lista delle attività che ti potrebbero far stare bene e praticale!

(da *www.bicego.it, www.benessere.com*

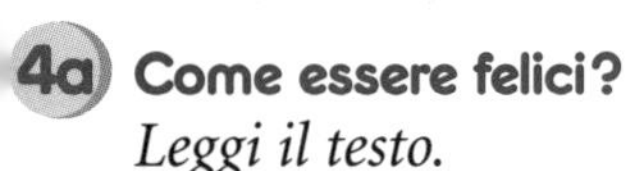

4a Come essere felici?

Leggi il testo.

Felice io ? Ci sto lavorando.

1 Sarà velleitario, ma è bello pensare che un paese possa essere valutato, oltre che dalla sua ricchezza, anche da quanto riesce a essere felice.
Lo credono il primo ministro inglese Cameron e il senatore brasiliano Buarque.
Ma, mi chiedo: Io sono felice? C'è differenza tra "stare bene" ed "essere felici"? E quali sono gli
5 ingredienti per vivere sereni? È difficile scegliere. Ho provato con amore, figli, amici. Ma mi è sembrato generico, allora ho riprovato con più egoismo: i miei amici, la mia famiglia, la mia donna (che non c'è ma che prima o poi – spero – ci sarà). E il mio lavoro, le mie passioni, i miei vizi, le mie debolezze, dove li metto?
La felicità è un impegno, come l'amore e l'amicizia, come saper perdere e saper vincere.
10 È un atto di fede. Perché sono più le mattine che ci svegliamo incazzati di quelle in cui il primo pensiero è il nostro grado di felicità. Ma da solo non potrei considerami felice: la condivisione, il confronto, dare senza aspettarmi di ricevere. Spesso mi perdo, e quindi ci sto lavorando. Oggi sono un uomo sereno che sta capendo, forse, come diventare felice. E voi? Come siete messi?

Matteo Maffucci

4b Cosa significa?

Collega le parole, contenute nel testo al punto ***4a*** *alla riga indicata, al significato, come nell'esempio.*

Riga	Espressione	Significato
1	*velleitario*	arrabbiati
5	ingredienti	obbligo
6	generico	livello
6	egoismo	partecipazione
8	vizi	sentimento tipico di che pensa solo a se stesso
9	impegno	le cose necessarie
10	fede	*che non si può realizzare*
10	incazzati	cattive abitudini
11	grado	poco preciso
11	condivisione	grandissima fiducia in un'idea

5 Sentimenti confusi

Collega le parole della lista ai loro sinonimi, come nell'esempio.

angoscia | gioia | pace | timore | schifo | invidia | gratitudine | serenità | ira | *generosità* | empatia | individualismo

😊	
altruismo →	*generosità*
riconoscenza →	________
contentezza →	________
tranquillità →	________
calma →	________
sintonia →	________

☹	
rabbia →	________
paura →	________
inquietudine →	________
ribrezzo →	________
egoismo →	________
rivalità →	________

6 E tu?

Parla con un compagno.

Cos'è per te la felicità? C'è differenza tra stare bene e essere felici?

Pensa a un giorno, un luogo, un incontro che ti hanno reso felice.

Per ricordare

Leggi la frase tratta dal testo al punto ***4a*** *e scegli l'opzione corretta.*

La felicità è un impegno, come l'amore e l'amicizia, come ***saper*** *perdere e* ***saper*** *vincere.*

Che significato ha il verbo ***saper(e)*** in questa frase?
- ○ conoscere
- ○ essere capace
- ○ avere il coraggio

7 E tu cosa sai fare?

Completa la tabella e poi confrontati con un compagno.

	Benissimo	Abbastanza bene	Così così	Per niente
cucinare				
ballare				
sciare				
stirare				
dipingere				
cantare				
giocare a carte				
cucire				
giocare a tennis				
suonare uno strumento				

Per ricordare

Collega ai verbi le espressioni, come nell'esempio e scegli l'opzione corretta.

So...

Conosco...

parlare l'italiano.
dove lavora Francesco.
Napoli.
perché Marco è sempre in ritardo.
il numero di telefono di Antonio.
come arrivare alla stazione.
quando ci sono le elezioni.
la Svizzera.
che Martina si è trasferita all'estero.
l'amico di Maria.
l'e – mail di Luigi.
l'indirizzo di Alessandra.

Il verbo *sapere* ha come oggetto diretto
- ○ una frase.
- ○ un sostantivo.

Il verbo *conoscere* ha come oggetto diretto
- ○ una frase.
- ○ un sostantivo o un pronome.

8 Felicità e infelicità in musica

Completa i versi di alcune celebri canzoni italiane con i verbi **sapere** *e* **conoscere***.*

1. Io non ti **conosco/so**,
io non **conosco/so** chi sei,
conosco/so che hai cancellato
con un gesto i sogni miei,
sono nata ieri
nei pensieri tuoi
eppure adesso siamo insieme.

Insieme
Mina

2. Vedi,
si rimane in piedi,
anche se tu non ci credi.
Dimmi,
cosa vuoi **conoscere/sapere**,
cosa vuoi di questo amore.

In un giorno qualunque
Marco Mengoni

3. Un'altra vita mi darai
che io non **conosco/so**,
la mia compagna tu sarai
fino a quando (io)
conosco/so che lo vorrai

L'emozione non ha voce
Adriano Celentano

4. C'è ancora gente
che parla di sesso debole,
ma non **ha conosciuto/ha saputo** te.
Però io **conosco/so** che hai
un punto più sensibile
che ti fa piangere per me.

Fare a meno di te
Due di picche

5. Un'ora sola ti vorrei io che
non **conosco/so** scordarti mai
per dirti ancor nei baci miei
che cosa sei per me.
Un'ora sola ti vorrei
per dirti quello che (tu) non
sai/conosci
ed in quest'ora donerei la vita
mia per te.

Un'ora sola ti vorrei
Giorgia

6. E parli e scherzi e ridi.
Ti siedi e poi mi escludi
sento addosso sorrisi che
conosco/so, sorrisi sulla pelle.
Quando eravamo terra e stelle.
Adesso se tu mi vuoi e se lo
vuoi. Lascia che io sia il tuo
brivido più grande.

thrill
shiver.

Lascia che io sia
Nek

Per ricordare

*Leggi le frasi tratte dal testo al punto **4a** e completa.*

*Oggi sono un uomo sereno che **sta capendo**, forse, come diventare felice.*

*Spesso mi perdo, e quindi ci **sto lavorando**.*

I verbi ***evidenziati*** indicano
- ○ un'azione in progresso nel presente.
- ○ un'azione futura.
- ○ un'azione conclusa.

Il presente progressivo si forma con il ________________ del verbo ***stare*** + il gerundio del verbo principale.

Completa la tabella per la formazione del gerundio, come nell'esempio.

Infinito	lavor*are*	perd*ere*	cap*ire*
Gerundio	lavor____	perd*endo*	cap_____

Attenzione ai verbi irregolari!

Infinito	fare	bere	dire
Gerundio	facendo	bevendo	dicendo

Leggi la frase e scegli l'opzione corretta.

Fate silenzio! Lo spettacolo ***sta per cominciare!***

La forma ***stare per*** + infinito indica...
- ○ un'azione in progresso nel presente.
- ○ un'azione che avverrà fra poco tempo.
- ○ un'azione che avverrà in un tempo futuro indefinito.

9 Qual è quella giusta?

Completa le frasi scegliendo la forma giusta del verbo.

1. Che cos'è tutto questo rumore? È Luca che **suonava/sta suonando** la batteria.
2. Oggi pomeriggio Marta **sta partendo/parte** per gli Stati Uniti. Adesso è in macchina e **sta per arrivare/stava andando** in aeroporto.
3. Sei in ritardo! Lo spettacolo è **già cominciato/cominciava già**.
4. Non ho molto tempo libero, in questo periodo **sto per frequentare/sto frequentando** anche un corso di tedesco la sera.
5. Laura **va/sta andando** da sempre in piscina tre volte alla settimana.
6. Scusami ma non posso parlare al telefono adesso, **sto per uscire/uscivo** per andare a lavoro, sono in ritardo mostruoso!
7. Dove sono i ragazzi? Sono in camera in questo momento, **hanno guardato/stanno guardando** un film in dvd.
8. La lezione di ieri mattina è **finita/finiva** in ritardo.
9. Secondo me **sta per piovere/è piovuto**. Guarda che nuvoloni pieni di pioggia!
10. Tra una settimana a Venezia **comincia/sta per cominciare** il Festival del Cinema. Ci andiamo?

10 I mimi

Per giocare

Dividetevi in due gruppi e scegliete un nome per la vostra squadra. L'insegnante darà una tabella a ciascuna squadra. A turno ogni studente deve mimare un'azione tra quelle elencate nella tabella e la sua squadra deve indovinare esattamente l'azione mimata in trenta secondi di tempo.

Il punteggio viene così assegnato:

- *definizione perfetta dell'azione → 1 punto*
- *definizione incompleta dell'azione → ½ punto*
- *nessuna soluzione → 0 punti*

Vince la squadra che totalizza il massimo punteggio. Buon divertimento!

Nota per l'insegnante: le due tavole si trovano a pagina 125, 129.

11 Il manifesto della felicità

Per scrivere

Ogni studente scrive 10 frasi che associa all'idea di felicità. Alla fine si sceglie la frase più significativa o originale per ognuno e si realizza un manifesto, usando anche delle immagini, da appendere in classe.

Diamo i numeri 3

1a Espressioni di quantità

Collega le espressioni al significato corrispondente, come nell'esempio.

dito | pizzico | *marea* | niente | mondo | sacco | lacrima | monte | goccia | vagone

a. ______ b. ______ c. ______ d. ______ e. ______

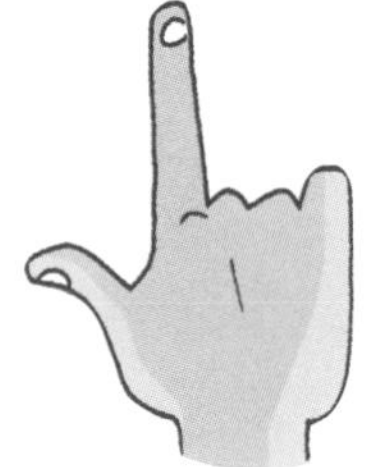

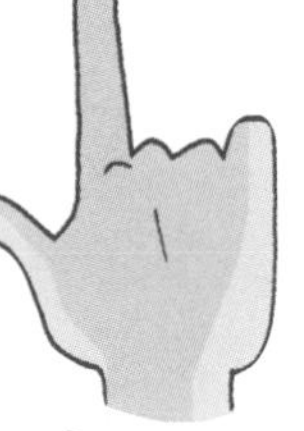

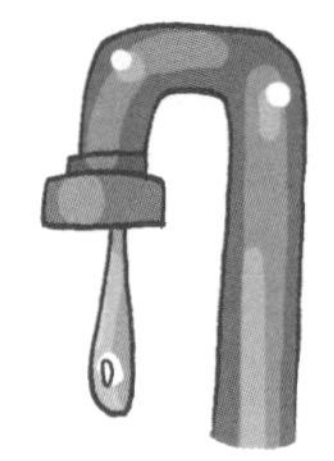

f. ______ g. ______ h. ______ i. ______ l. *marea*

1b Poco o tanto?

Collega le espressioni al significato corrispondente, come nell'esempio.

Espressione	Significato
un sacco	
un pizzico	
un monte	
una vagonata	TANTO
una marea	
un mondo	
una lacrima	POCO
un dito	
un niente	
un goccio/una goccia	

1c Dillo con i numeri

Conosci il significato delle espressioni nei fumetti? Confrontati con un compagno.

2a Diamo i numeri

Leggi il testo.

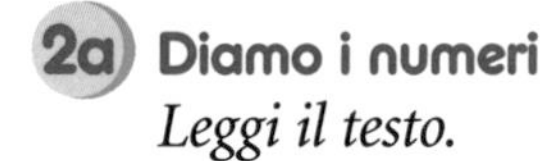

il venerdì di Repubblica

Diamo i numeri

La nostra vita è piena di numeri che usiamo di solito per esprimere con precisione delle quantità. O, almeno dovrebbe, perché la lingua italiana è ricca, invece, di riferimenti a numeri che indicano quantità generiche e non precise. A volte facciamo un uso strano di certi numeri che perdono il loro valore originale e finiscono per indicare quantità molto grandi o molto piccole: pensiamo all'espressione "essere d'accordo al mille per cento". O ancora, quando diciamo "in due parole" pensiamo davvero di usare solo due parole? Quando proponiamo a un'amica di "fare quattro passi" ci fermeremo dopo averne fatti quattro? Quando diciamo "arrivo tra due minuti" è molto probabile che invece arriveremo dopo dieci, di minuti.
Siamo partiti dall'osservazione di questo fenomeno nell'italiano per andare poi a cercare somiglianze e differenze con le altre lingue. A volte, per esempio, per indicare una grandezza esagerata noi usiamo 100 – " l'ho ripetuto cento volte" – mentre i danesi usano 117 e i francesi 36. Oppure pensiamo al 5, associato a condizioni psicologiche opposte: "avere i 5 minuti" in italiano indica rabbia, *give me 5* ("batti un 5") in inglese serve a dimostrare invece solidarietà e amicizia. I "quattro gatti" italiani diventano 5 in Germania.
L'uso approssimato dei numeri è un modo per misurare la ricchezza e la potenza della lingua e per verificare l'influenza decisiva delle singole culture.
Se in italiano diciamo " è successo un 48" capiamo cosa significa in virtù della nostra storia comune. E infatti proverbi, che rappresentano bene la relazione con la cultura di un popolo, sono pieni di questo utilizzo non quantitativo dei numeri. Qualche esempio? "Non c'è due senza tre, e il quattro vien da sé", "La vittoria ha cento padri, la sconfitta è orfana", "Chi sta seduto su due sedie cade per terra".
Grazie mille!!!

(adattato da *Il Venerdì di Repubblica*)

2b Qual è quella giusta?

*Scegli il significato corretto per ogni espressione, contenuta nel testo al punto **2a** alla riga indicata.*

Riga	Espressione	Significato
9-10	al mille per cento (1000%)	○ parzialmente ☑ completamente ○ leggermente
10	in due parole	○ in modo essenziale ☑ con difficoltà ○ con attenzione
12	fare quattro passi	○ camminare piano ○ correre ☑ fare una breve passeggiata
14	tra due minuti	○ immediatamente ☑ fra poco tempo ○ in 120 secondi
22-23	avere i cinque minuti	☑ essere arrabbiato ○ avere fretta ○ essere eccitato
25	essere quattro gatti	○ essere tra amici ○ essere curiosi ☑ essere in pochi
30	è successo un quarantotto	○ è successo tante volte ☑ è successa una grande confusione ○ è successo nel 1948

3 I proverbi

*Leggi i testi e scrivi il proverbio al quale si riferiscono, tra quelli presenti nel testo al punto **2a**.*

Se un evento non è unico, ovvero si ripete almeno due volte, molto probabilmente si ripeterà ancora. Probabilmente la nascita di questo proverbio è influenzata dal fatto che il tre è considerato il numero perfetto. Tre sono le persone della Santissima Trinità, tre sono le dimensioni del mondo in cui viviamo.

1. Il proverbio è: ______________________________

C'è chi fa nello stesso tempo cose buone e cose cattive, convinto di ottenere in questo modo sleale molto più che con un comportamento corretto. E invece si sbaglia: non otterrà niente di buono.

2. Il proverbio è: ______________________________

Se qualcosa ci è andata bene, abbiamo avuto una promozione, abbiamo vinto una bella somma, anche gli amici e i conoscenti sono felici e ci cercano, stanno tutti intorno. Al contrario, se qualcosa non va, tanti ci evitano per evitare una probabile richiesta di aiuto.

3. Il proverbio è: ______________________________

4 Parole e numeri

Parla con un compagno.

Nella tua lingua esistono espressioni e proverbi con i numeri?

Esistono numeri fortunati/sfortunati?

Si esprimono quantità generiche con i numeri?

5 La pista cifrata: numeri e cultura

Scrivi il numero corrispondente alle definizioni, come negli esempi. La risposta corretta ti permetterà di sapere come unire i numeri della pista cifrata. Alla fine otterrai il disegno di un animale, il cui nome ti permetterà di completare il proverbio.

MEGLIO UN GIORNO DA LEONE CHE CENTO DA ____________

1. le regioni italiane (20)
2. l'anno dell'Unità d'Italia (1861)
3. le famose Terre della Liguria (____)
4. il numero sfortunato per gli italiani (____)
5. l'anno della Costituzione Italiana (____)
6. un famoso film di Federico Fellini (____)
7. l'età dei maggiorenni in Italia (____)
8. i giorni per gli auguri di buon compleanno (____)
9. i colli di Roma (____)
10. i mari dell'Italia (____)
11. gli anni di matrimonio per le nozze d'argento (____)
12. le isole-regioni italiane (____)
13. l'anno in cui Colombo ha scoperto l'America (____)
14. i soldati di Garibaldi (____)
15. il giorno di maggio della festa dei lavoratori (____)
16. il giorno di febbraio di San Valentino (____)

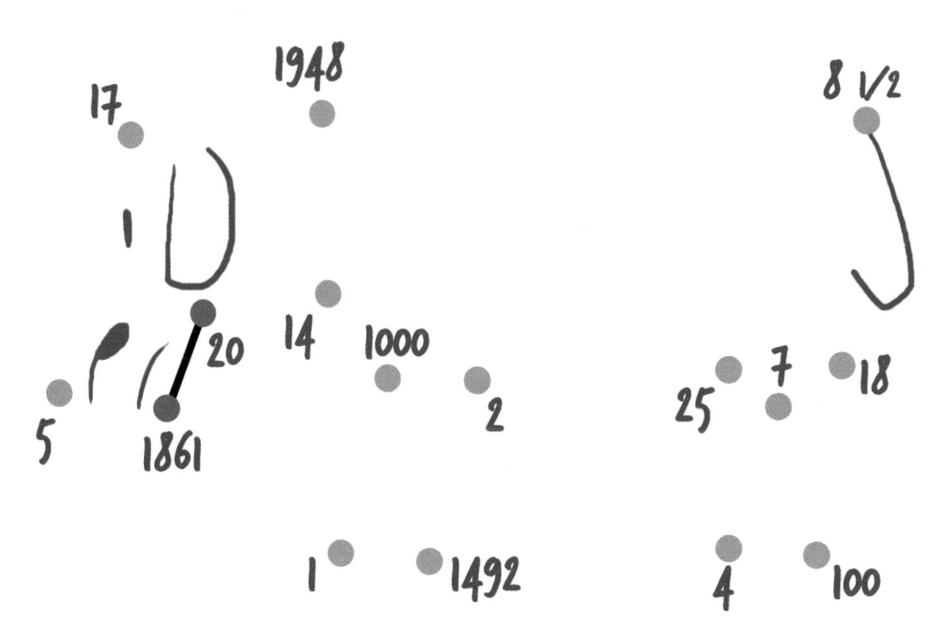

Per ricordare

*Leggi la frase tratta dal testo al punto **2a** e scegli l'opzione corretta.*

> *La nostra vita è piena di numeri che usiamo di solito per esprimere con precisione delle quantità. O, almeno **dovrebbe**, perché la lingua italiana è ricca, invece di riferimenti a numeri che indicano quantità generiche e non precise.*

Il verbo ***dovrebbe*** esprime ○ previsione. ○ incertezza.

Completa le forme regolari del condizionale con le desinenze della lista, come negli esempi.

-ereste -iremmo -ereste ***-erei*** -ireste

-erebbero -erebbe -irei -erebbero ..-eresti

-iresti -erebbe -eresti -irebbero ***-eremmo***

-eremmo ***-irebbe*** -erei

arrivare	credere	finire
io arriv_______	io cred*-erei*_______	io fin_______
tu arriv_______	tu cred_______	tu fin_______
lui/lei arriv_______	lui/lei cred_______	lui/lei fin*-irebbe*_______
noi arriv*-eremmo*_______	noi cred_______	noi fin_______
voi arriv_______	voi cred_______	voi fin_______
loro arriv_______	loro cred_______	loro fin_______

6 Che funzione ha?

Associa ogni frase alla funzione del condizionale, come nell'esempio.

	Funzione del condizionale
1	desiderio
2	richiesta cortese
3	consiglio
4	possibilità/supposizione

Frase	Funzione del condizionale
a. Al posto tuo **partirei** questa sera.	*3*
b. Mi **darebbe** un chilo di pane, per favore?	
c. Luca **dovrebbe** essere già arrivato.	
d. Mi **piacerebbe** andare al mare domenica.	
e. Farei volentieri una bella passeggiata.	
f. Dovresti prendere uno sciroppo per la tosse.	
g. Sarebbe meglio studiare di più questa regola.	
h. Mi **berrei** una bella birra, adesso.	
i. Ti **dispiacerebbe** chiudere la finestra?	

7 Un po' di umorismo

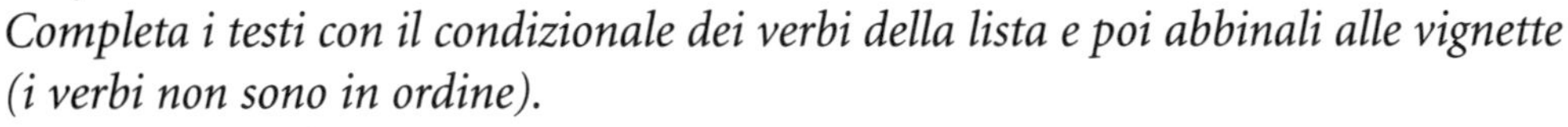

Completa i testi con il condizionale dei verbi della lista e poi abbinali alle vignette (i verbi non sono in ordine).

essere | potere | fare | potere | smettere | dovere

1. Non mangiare il sacco che ha sulle spalle, ____________ darti problemi di stomaco!

2. Io, al posto tuo, ____________ di navigare!

3. ____________ bello viaggiare sempre con tanta prudenza! Vero cara?

4. Credo che a questo punto ____________ assolutamente prendere la patente!

5. Qualcuno ____________ dirle che non funziono più? Per favore!!!

6. ____________ meglio a cercarmi un altro lavoro! Forse il killer di professione.

a. ____________ **b.** ____________ **c.** ____________

d. ____________ **e.** ____________ **f.** ____________

Per ricordare

*Leggi la frase tratta dal testo al punto **2a** e scegli l'opzione corretta.*

*Quando diciamo "arrivo tra due minuti" è molto probabile che invece **arriveremo** dopo dieci, di minuti.*

Arriveremo che tempo è? ○ condizionale ○ futuro ○ imperativo

Completa le forme del futuro e confrontale con quelle del condizionale. Che cosa noti? Confrontati con un compagno.

verbo regolare **arrivare**		verbo irregolare **dovere**	
Futuro	**Condizionale**	**Futuro**	**Condizionale**
io arriv-erò	io arriv-erei	io dov-_______	io dov-rei
tu arriv-_______	tu arriv-eresti	tu dov-rai	tu dov-resti
lui/lei arriv-erà	lui/lei arriv-erebbe	lui/lei dov-_______	lui/lei dov-rebbe
noi arriv-eremo	noi arriv-eremmo	noi dov-_______	noi dov-remmo
voi arriv-_______	voi arriv-ereste	voi dov-rete	voi dov-reste
loro arriv-eranno	loro arriv-erebbero	loro dov-_______	loro dov-rebbero

8 **Il cruci-verbi**

*Completa il cruciverba con le forme del futuro e del condizionale. Nella colonna in **blu** potrai leggere il numero che in Italia (nella smorfia napoletana) corrisponde al denaro.*

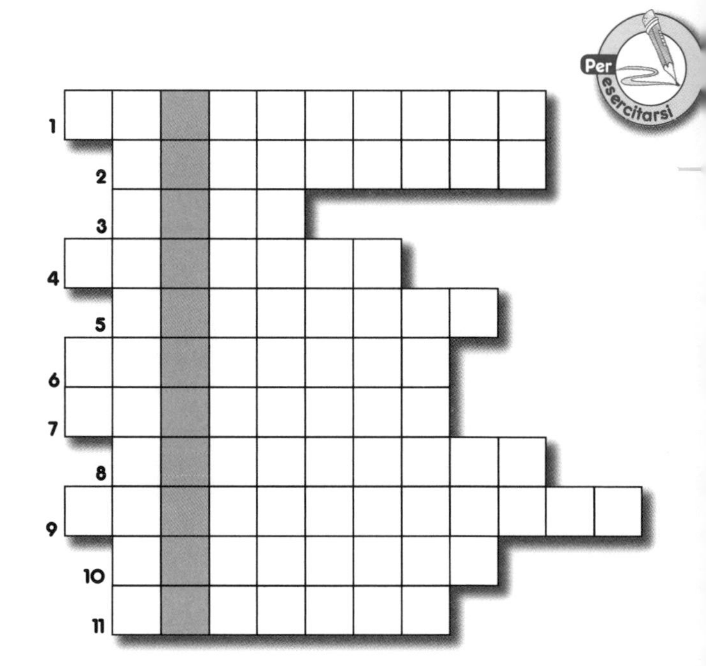

Futuro
1. acquistare (lui)
3. fare (io)
4. bere (noi)
5. sapere (loro)
8. parlare (noi)
10. bere (loro)

Condizionale
2. rubare (tu)
6. vendere (io)
7. potere (voi)
9. restare (loro)
11. finire (io)

Per ricordare

*Indica il significato delle parole sottolineate nelle frasi tratte dal testo al punto **2a**.*

Quando proponiamo a un'amica di "fare quattro passi" ci fermeremo dopo averne fatti quattro?

○ nel momento in cui
○ nel caso in cui

Se in italiano diciamo " è successo un 48" capiamo cosa significa in virtù della nostra storia comune.

○ nel momento in cui
○ nel caso in cui

9 Se o quando?

Completa le frasi sottolineando l'opzione corretta.

1. **Quando/Se** domani vieni a studiare a casa mia, ne sarò contento
2. Questo pomeriggio puoi ritirare tu i pantaloni in lavanderia **quando/se** esci dall'ufficio.
3. **Quando/Se** sabato vado in bicicletta, passo da te un po' più tardi.
4. **Quando/Se** mangi troppo rischi di ingrassare.
5. Stasera, **quando/se** arrivi, vengo a prenderti alla fermata dell'autobus.
6. **Quando/Se** oggi farai tardi in ufficio, avvertimi.
7. **Quando/Se** Maria tornerà dagli Stati Uniti, la prossima settimana, le organizzeremo una bella festa.
8. **Quando/Se** finisci di lavorare presto, andiamo al cinema.

10 Numeri per raccontare

Scrivi un testo di fantasia usando almeno 5 espressioni con i numeri tra quelle conosciute nelle precedenti attività.

4 Le nuove religioni

1a) Cosa c'è di nuovo?
Quali sono secondo te le ultime novità nei settori della lista? Confrontati con un compagno.

alimentazione | informatica | filosofia | musica | medicina | trasporti | sport

1b) Alla scoperta delle nuove religioni
Guarda le immagini e associale ai nomi della lista. Sai di cosa si tratta? Parlane con un compagno.

a.

b.

c.
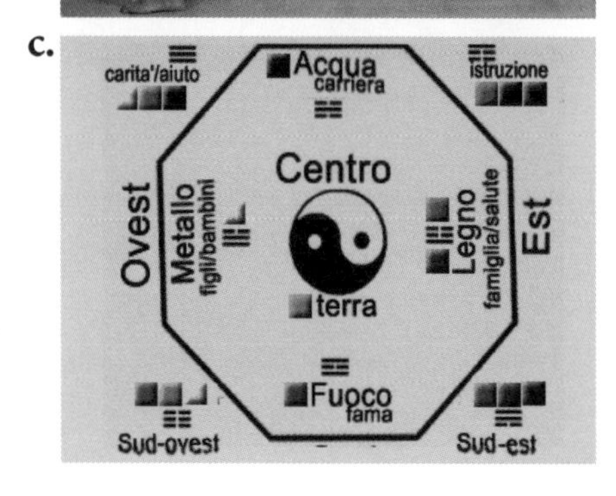

vegan
pilates
antigravity
yoga
body suspension
feng shui

c.

d.

e.

2a Mediamente equilibrati

Leggi il testo.

Mediamente equilibrati

Che reazioni avete davanti a tutti quelli che si svegliano, si trovano "fuori equilibrio" e passano ore a rendersi "centrati"? Che cosa pensate di chi non mangia niente di origine animale? E di chi dedica ore a meditare a gambe incrociate? E di quelli che "il letto va solo in direzione est"? E, ancora, di quelli "niente alcol, niente caffè, niente scarpe in casa"?

Siamo una generazione alle prese con la nostra ansia, e ognuno la tiene a bada come può. La maggior parte delle persone con reddito medio-basso, si arrangia lavorando, soffrendo e ogni tanto passeggiando, che non costa poi tanto; chi può, invece, va dal *personal trainer*, oppure dal proprio guru di *pilates-yoga-wellness-fitness*… o si spinge oltre.

Ci sono i quindicimila italiani di Zero Relativo, centro propulsivo vicino a Pesaro: sono i "barter", quelli che vivono quotidianamente tramite baratti e scambi e hanno deciso di non ricorrere mai al denaro.

E poi ancora dieci donne che dondolano in amache di stoffa bianca. Fanno lezione di *antigravity yoga*, moda appena sbarcata in Italia. Si pratica appesi per aria per migliorare il sonno, rilassare i muscoli e riattivare il metabolismo.

C'è poi una delle più estreme e suggestive forme di modificazione corporea, la *body suspension*, che consiste nel perforarsi la pelle con uncini per poi farsi appendere in aria e restare lì a ciondolare. L'obiettivo è quello di separare la coscienza dal corpo.

Tentativi estremi di ricercare un benessere sempre meno presente.

Il benessere quindi diventa la nostra nuova religione, e tra le tante apparse sul pianeta non è monoteista e risulta quindi, alla fine, tra le meno sanguinarie.

Purché non si esageri.

(adattato da *Sette* del *Corriere della Sera*)

2b Di che si tratta?

Completa la tabella con le informazioni contenute nel testo al punto **2a**.

Nome	Come funziona?	Quale obiettivo ha?
Zero Relativo		
antigravity yoga		
body suspension		

3 Cosa significa?

Collega le espressioni, contenute nel testo al punto ***2a*** *alla riga indicata, al significato, come nell'esempio.*

Riga	Parola o espressione	Significato
2-3	*equilibrio*	impegnato
6	meditare	cambiamento
10	alle prese	il meccanismo di funzionamento del corpo umano
11	tiene a bada	prove
13	si arrangia	*stabilità*
26	appesi	bucarsi
27	metabolismo	che ha un solo dio
29	modificazione	controlla
30	perforarsi	sospesi
34	tentativi	riflettere
38	monoteista	si adatta

Per ricordare

Completa le frasi estratte dal testo al punto ***2a****.*

Che reazioni avete ______________ tutti quelli che si svegliano, si trovano "______________ equilibrio" e passano ore a rendersi "centrati"?

Ci sono i quindicimila italiani di Zero Relativo, centro propulsivo ______________ Pesaro.

...chi può, invece, va dal personal trainer, oppure dal proprio guru di pilates-yoga-wellness-fitness... o si spinge ______________.

Scegli l'opzione corretta.

Le parole mancanti sono preposizioni improprie che indicano:

- ○ la posizione o la direzione di qualcosa o di qualcuno rispetto a un punto di riferimento.
- ○ la provenienza di qualcosa o di qualcuno.

4 Il sondaggio: rimedi antistress

Fai una croce in corrispondenza dei rimedi che tu usi e poi chiedi ai tuoi compagni cosa fanno per tenere sotto controllo lo stress. Alla fine fate un confronto con tutta la classe per vedere quali sono i rimedi più usati.

Per chiacchierare

○ Io respiro profondamente.

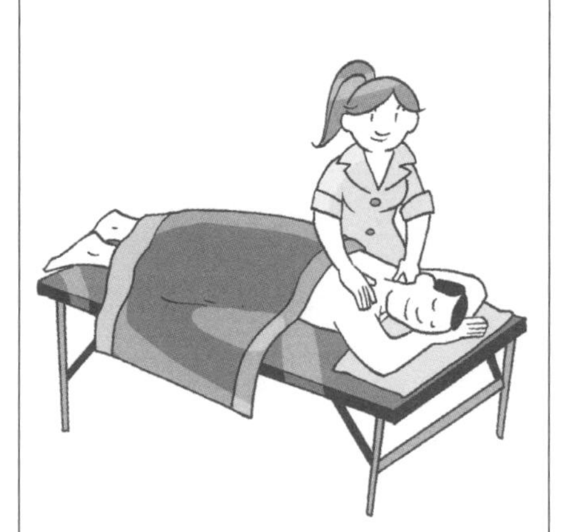

○ Io faccio un massaggio.

○ Io prendo una medicina naturale.

○ Io ascolto musica rilassante.

○ Io uso una pallina antistress.

○ Io prendo una medicina omeopatica.

○ Io...

I miei compagni

5 Feng Shui: arredare la casa

Guarda le immagini e completa il testo con le preposizioni della lista (qualche preposizione può essere usata più di una volta).

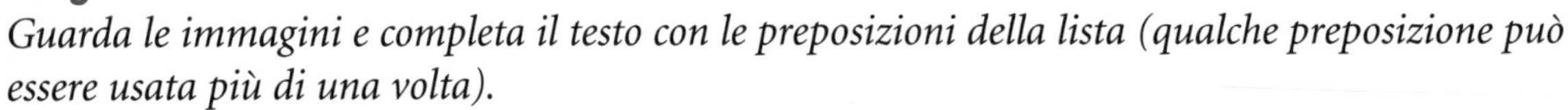

alla sinistra del | davanti a | di fronte all' | contro

Piano terra

Non posizionare il divano ____________ una parete.
Posizionare il tavolo del soggiorno ____________ entrata.
Mettere il tavolo della cucina ____________ una finestra.
Collocare la libreria all'angolo ____________ divano.

Primo piano

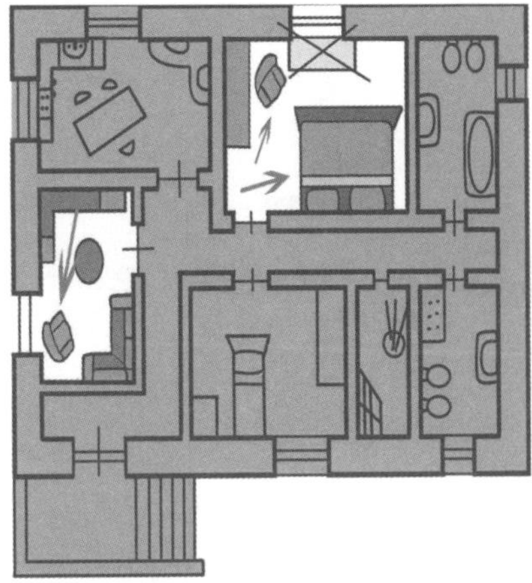

Posizionare la testata del letto ____________ una parete.
Non posizionare la scrivania ____________ una finestra.
In camera da letto mettere la poltroncina ____________ armadio.
Mettere la poltroncina nella stanza relax ____________ una finestra.

6 Le cinque differenze

Dividetevi in due gruppi e osservate attentamente l'aula per 2 minuti.
Un gruppo esce fuori dall'aula e l'altro sposta 5 oggetti.
L'altro gruppo rientra e ha a disposizione 2 minuti per indovinare gli oggetti spostati e indicare esattamente la posizione precedente e quella attuale di ogni oggetto.

Es: OGGETTO: ***lo stereo****. "Prima era accanto alla lavagna e adesso è davanti alla tv".*

Dopo tocca all'altro gruppo uscire e poi rientrare per indovinare i 5 spostamenti.
Il punteggio viene così assegnato:
1 punto *se individuate l'oggetto e indicate esattamente la sua posizione precedente e attuale;*
½ punto *se individuate l'oggetto ma non indicate esattamente la sua posizione precedente e attuale;*
0 punti *se non riuscite a individuare l'oggetto.*

Vince la squadra che totalizza più punti
In bocca al lupo!

Per ricordare

*Leggi la frase tratta dal testo al punto **2a** e scegli l'opzione corretta.*

La body suspension consiste nel perforarsi la pelle con uncini per poi farsi appendere in aria e restare lì a ciondolare.

Il verbo *fare* seguito da un infinito indica
- ○ un'azione che il soggetto compie direttamente.
- ☑ un'azione che il soggetto non compie direttamente, ma fa compiere a qualcun altro.

Leggi le frasi e rispondi alle domande.

Voglio far controllare l'auto.

Che cosa succede al verbo *fare* quando è prima di un altro verbo all'infinito?

____

*Luisa **si** deve far accorciare i pantaloni/Luisa deve far**si** accorciare i pantaloni.*

Dov'è il pronome atono (*mi*, *ti*...) quando il verbo *fare* è usato insieme ai verbi *potere/dovere/volere*?

____

*Angelo **mi** farà vedere le foto del matrimonio/Angelo **mi** ha fatto vedere le foto del matrimonio.*

Dov'è il pronome atono (*mi*, *ti*...) quando il verbo *fare* non è all'infinito?

____

7 L'agenda di Marina

Leggi gli appunti sull'agenda di Marina e scrivi quello che deve *o* vuole ***far fare***, *come nell'esempio.*

Lunedì	**Venerdì**
Ore 17.00: elettrauto – la macchina non parte	Ore 13.00: viene il giardiniere, l'erba è diventata troppo alta
Deve far controllare la batteria della macchina.	
Martedì	
Ore 15.00: fisioterapista - massaggio	**Sabato**
	Ore 15.00: mandare Giacomo dal fioraio
Mercoledì	
Ore 18.00: parrucchiere	**Domenica**
	Ore 18.00: Giacomo mi ha promesso che mi preparerà una bella cenetta!
Giovedì	
Ore 16.00: sarta – la gonna nuova è troppo stretta	

8 Tris: Il centro benessere

Giocate in coppia. Rispondete alle domande cercando di realizzare il tris in orizzontale, verticale o in diagonale.

1. Cos'è?

- ○ Maniglie.
- ○ Manubri.
- ○ Manici.

2. Come si dice in italiano?

- ○ Essere a dieta.
- ○ Essere in dieta.
- ○ Essere su dieta.

3. Cos'è?

- ○ Vasca da bagno.
- ○ Cascata per massaggio cervicale.
- ○ Idromassaggio.

4. Qual è il verbo giusto?

- ○ Dimagrare.
- ○ Magrire.
- ○ Dimagrire.

5. Cos'è?

- ○ Bagno turco.
- ○ Sauna finlandese.
- ○ Nebbia fredda al mentolo.

6. Qual è il verbo giusto?

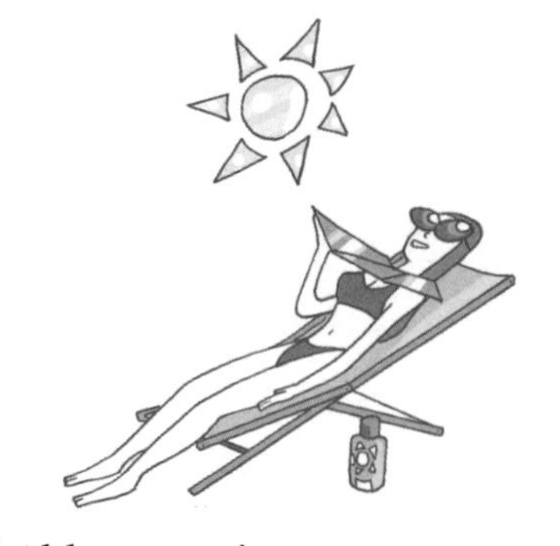

- ○ Abbronzarsi.
- ○ Bronzarsi.
- ○ Abbrinzarsi.

7. Cos'è?

- ○ Doccia solare.
- ○ Bagno turco.
- ○ Lettino relax.

8. Come si dice in italiano?

- ○ Avere una doccia.
- ○ Prendere una doccia.
- ○ Fare una doccia.

9. Cos'è?

- ○ Maschera di bellezza.
- ○ Trucco.
- ○ Trattamento abbronzante.

Il blog

Vuoi iscriverti al blog del benessere. Compila la scheda di iscrizione.

Blog del Benessere
wellness a portata di click

Benessere | Alimentazione | Fitness | Allenamento | Bellezza

Shopping | Forum | Newsletter | Eventi | Facebook | Google Toolbar | RSS

Nickname ____________________

Nome ____________________

Cognome ____________________

Password ____________________

Data di nascita ____________________

Città ____________________

Indirizzo e-mail ____________________

Mi descrivo:

Pratico:

Amo:

Odio:

Il mio motto:

(adattato da *www.blogdelbenessere.it*)

5 Facciamolo all'americana

1a) Che caos!

Vuoi sapere cos'è che noi italiani facciamo "all'americana"? Scopri nelle frasi la parola "intrusa", cambia una lettera e otterrai una parola appropriata al testo. Poi scrivi nella casella a destra la lettera corretta, come nell'esempio. Alla fine, in verticale, leggerai la soluzione.

Accendiamo il catino? Mi piace tanto l'atmosfera che crea un bel fuoco crepitante!		M
Aspetto sempre l'inizio della stagione dei <u>soldi</u>: è più conveniente fare shopping!	saldi	A
Il cono della tua voce mi irrita! Parla più piano!	tono	T
Ti piace lo spettacolo dei tori nell'avena?	?	R
Spesso vado al lavoro in baci.	bici	I
Quando compro un vestito, non guardo mai la barca.	marca	M
Ah… quanto vorrei vincere la latteria!	lotteria	O
Guarda quanto sangue! Mi hai rotto il vaso!	naso	N
Per prevenire la carne bisogna lavarsi i denti tre volte al giorno.	carie	I
In autunno cadono tante figlie.	foglie	O

1b) Italia e Stati Uniti a confronto

In base a quello che sai sui due paesi, scrivi nella tabella della pagina seguente le abitudini degli italiani e degli statunitensi riguardo al matrimonio e poi confrontati con un compagno.

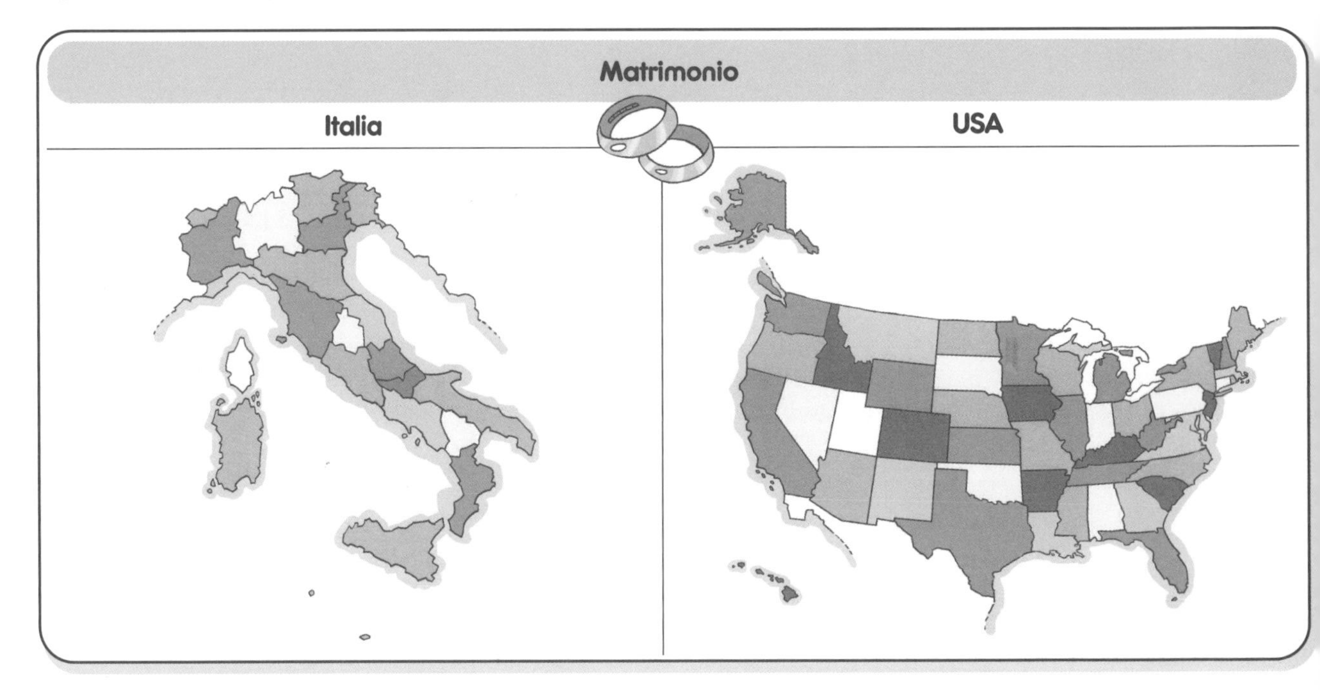

Matrimonio	
Italia	**USA**

1c Cos'altro?

Secondo te, in quali ambiti gli italiani imitano lo stile degli americani? Parlane con un compagno.

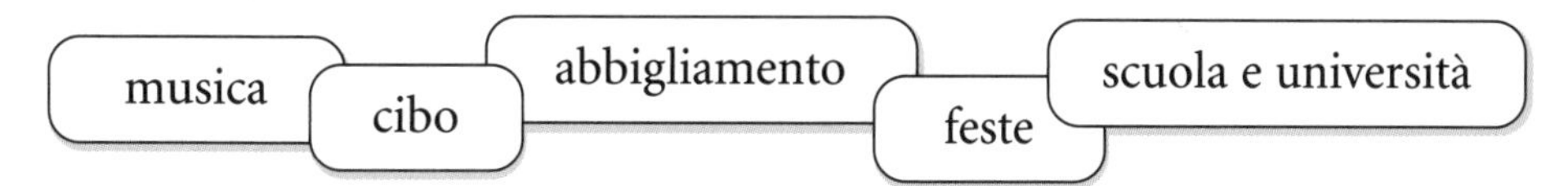

2a Nuove tendenze

Leggi il testo.

E noi italiani ci sposiamo all'americana

Una spiaggia e un tramonto sul mare. Un giardino fiorito o una pista da sci. Magari anche l'amico di una vita che celebra il rito al posto di un sindaco sconosciuto. Così si sogna il matrimonio ai giorni nostri. Addio chiese, ville in affitto e pranzi interminabili. Il giorno più bello deve essere all'aperto, speciale, diverso, "all'americana" appunto.

Oggi i più ricchi scelgono la Sardegna, che richiede un budget altissimo. In questo caso il matrimonio prevede un'organizzazione di tre giorni: il venerdì un cocktail, il sabato la festa nuziale e la domenica il relax in spiaggia. Per questo i costi della Sardegna sono proibitivi, soprattutto in alta stagione. Meglio allora la Puglia con le sue masserie, sulla costa tra Bari e Brindisi. Niente cena seduti, ma *finger food* con ingredienti locali e musica preferita.

Se le spiagge sono gli scenari migliori per un matrimonio con atmosfere da soap opera, in tanti non disdegnano nemmeno le piste innevate. Sempre più coppie scelgono di sposarsi in montagna, soprattutto se sono amanti dello sci e vogliono approfittare dell'atmosfera natalizia. Di solito queste nozze sono particolarmente intime, a volte gli unici invitati sono i testimoni. Sposarsi sulla neve è suggestivo, ma non facile: c'è chi lo fa in tuta da sci bianca e scarponi.

Ma tra gazebo in riva al mare e rifugi di montagna c'è ancora chi sogna un matrimonio tradizionale? Magari in chiesa, con damigelle, fiori, bomboniere e banchetto? Certo, gli stranieri scelgono di sposarsi in Italia. Per loro le ville sui laghi del Nord o le classiche tenute in Toscana rimangono il massimo. E pensare che c'è persino chi, per motivi di nazionalità, si rammarica di non potersi sposare in chiesa o in un municipio.

(adattato da *Sette* del *Corriere della Sera*)

2b Scegli quella giusta

*In base a quello che hai letto nell'articolo al punto **2a** completa le frasi, come nell'esempio.*

1. Un matrimonio "all'americana" deve essere celebrato	a. ⊗ fuori. b. ○ in casa. c. ○ in chiesa.
2. Chi sceglie di sposarsi in Sardegna	a. ○ è un appassionato della regione. b. ⊗ ha buone possibilità economiche. c. ○ ama viaggiare.
3. In Puglia la cena	a. ○ è in un ristorante. b. ○ è in spiaggia. c. ⊗ è in piedi.
4. Sulle piste da sci	a. ○ si indossa un vestito classico. b. ○ si indossa la pelliccia. c. ⊗ si indossa un abito da montagna.
5. Gli stranieri che si sposano in Italia	a. ○ scelgono il matrimonio all'americana. b. ⊗ scelgono il matrimonio classico. c. ○ scelgono il matrimonio tradizionale del loro paese.

3 Il giorno più bello

Per esercitarsi

Inserisci le parole della lista nel disegno.

sposo | sposa | velo | damigella | testimone | fedi | bouquet | bomboniera | sindaco

4 **A proposito di nozze**
Parla con un compagno della cerimonia di nozze.

Com'è un matrimonio tipico nel tuo paese?

È più frequente il pranzo o la cena di matrimonio?

Tu come ti sposeresti?

Si danno le bomboniere agli invitati?

Anche nel tuo paese si organizzano matrimoni "all'americana"?

Quale matrimonio, tra quelli a cui hai partecipato, ti è piaciuto di più? Perché?

Come è stato il matrimonio dei tuoi genitori?

Per ricordare

Leggi le frasi riferite al testo al punto ***2a*** *e scegli l'opzione corretta.*

Il giorno ***più bello di tutti*** *deve essere all'aperto, speciale, diverso.*

Le nozze ***più intime tra*** *quelle in stile americano vengono celebrate in montagna.*

La spiaggia è lo scenario ***più ambito tra*** *tutte le alternative possibili.*

Come si forma il superlativo relativo?

◯ articolo determinativo ◯ articolo indeterminativo	+	◯ nome ◯ aggettivo	+ *più/meno*	+	◯ nome ◯ aggettivo	+ *di/tra…*

5 L'Italia al superlativo

Gioco a squadre: abbinate e costruite le frasi come nell'esempio nel minor tempo possibile. Appena finite date lo stop al gioco. Vince la squadra che ha totalizzato più abbinamenti corretti.

1. *Il Garda*	**a.** quadro/famoso/Leonardo da Vinci
2. La Gioconda	**b.** vino/conosciuto/quelli toscani
3. A Bologna	**c.** *lago/grande/Italia*
4. Gianna Nannini	**d.** monte/alto/Europa
5. La Scala	**e.** fiume/lungo/Italia
6. Il Monte Bianco	**f.** cantante rock/conosciuta all'estero/i rocker italiani
7. Il Chianti	**g.** statua/bella/Michelangelo
8. La Pietà	**h.** università/antica/mondo
9. Il Po	**i.** teatro/importante/Milano

1/ *c* - *Il Garda è il lago più grande d'Italia.*
2/ ___ - ______
3/ ___ - ______
4/ ___ - ______
5/ ___ - ______
6/ ___ - ______
7/ ___ - ______
8/ ___ - ______
9/ ___ - ______

Per ricordare

Osserva le frasi che seguono e scegli l'opzione corretta.

*È **meglio** scegliere la Puglia con le sue masserie…*

Meglio è il comparativo di ○ buono ○ bene ○ bello

*Se le spiagge sono gli scenari **migliori** per un matrimonio…*

Migliore è il comparativo di ○ buono ○ bene ○ bello

Quali sono i contrari dei due comparativi?

Meglio ↔ ______ ***Migliore*** ↔ ______

Per ricordare

Leggi la frase qui sotto e completa la regola.

*Tu guidi **meglio** di me, ma le mie macchine sono **migliori** delle tue.*

Nella frase sopra ***meglio*** modifica un	☑ verbo ○ nome
Nella frase sopra ***migliori*** modifica un	○ verbo ☑ nome

Attenzione! ***Meglio*** non cambia mai, ***migliore*** cambia in plurale/singolare.

6 Come organizzare un matrimonio

*Completa il testo con **bene, buono, meglio, migliore, peggio, peggiore**.*

Un anno prima

La chiesa

Il primo passo da fare, se volete una cerimonia religiosa, è scegliere la chiesa dove volete sposarvi. Se non è la vostra parrocchia, è meglio prenotare con anticipo.

La casa

Se volete acquistare una casa dove andare a vivere, la cosa migliore da fare è concludere il contratto almeno un anno prima del matrimonio, così avete tempo per fare qualche lavoro interno e pensare all'arredamento.

Il ristorante

Scegliete un ristorante dove si mangia bene ma non si spende troppo. Scegliete un menù con piatti buoni ma non troppo elaborati.

10 mesi prima

Il fotografo

La scelta del fotografo non si pùo improvvisare. Meglio allora sentire diversi professionisti, e scegliere quello che, a parità di servizi e qualità, vi offre la soluzione migliore in termini di prezzo.

6 mesi prima

Il vestito da sposa

È meglio cominciare a cercarlo sei mesi prima, magari accompagnate dalla mamma, dalla sorella o dall'amica del cuore. Loro sapranno darvi i consigli migliori anche per quanto riguarda gli accessori. Un'analisi della propria persona aiuterà a individuare i punti da valorizzare e i difetti da nascondere. Non c'è niente di peggio che vedere una sposa bassa con una gonna larga e vaporosa o una sposa un po' in carne con un abito aderente! E ricordatevi che lo sposo non deve vedere il vestito prima della cerimonia: porta male!

Il vestito dello sposo

L'abito migliore per la cerimonia è il tight. La camicia ha polsini doppi chiusi da gemelli, la cravatta è meglio sceglierla in tinta unita, possibilmente grigia.

Il giorno prima

Il giorno prima non dovete fare molto: non c'è cosa peggiore che arrivare al matrimonio stanchi e stressati. Quindi la parola d'ordine è relax e niente stress, per poter arrivare all'indomani nella vostra forma migliore.

Il giorno stesso

Ecco, finalmente è arrivato il grande giorno e tutti saranno intorno a voi: la famiglia, i parenti, i migliori amici. Arriva la macchina... tutto è pronto... potete andare!!!

(adattato da *www.digilander.libero.it*)

7 Il matrimonio più...

Pensa a un matrimonio a cui hai partecipato e scrivi una pagina di diario in cui ne fai una descrizione dettagliata.

Per scrivere

6 Aprite a pagina 99 e...

1a **Che genere è?**

Osserva le copertine dei romanzi e scrivi a quale genere della lista appartengono.

sentimentale | di fantascienza | di avventura | giallo | storico | horror | fantasy

______________ ______________ ______________ ______________

1b **Gli anagrammi**

Dalle definizioni ricostruisci le parole aiutandoti con gli anagrammi. Usa il dizionario bilingue per svolgere quest'attività.

Definizione	Anagramma	Parola
la storia del libro	MRATA	
il rivestimento esterno di un libro	PORTECANI	
le prima parole di un libro	ITIPNCI	
chi ha scritto il romanzo	RETUAO	
il giudizio critico su un testo	NECREONIES	
chi pubblica il libro	TOEDRIE	
chi legge il libro	TREOTEL	
testo scritto a mano	TASRONIMCTO	

c **Di cosa parla?**
Ricostruisci le trame, mettendo in ordine le frasi.

Canale Mussolini
di Antonio Pennacchi

Canale Mussolini è il canale più importante della bonifica delle Paludi Pontine. Su ____________
____
____
____
____
____________.

Tra queste migliaia di coloni ci sono i Peruzzi, che dovranno affrontare vicende più o meno dolorose.

arrivate dal Nord.

questa terra nuova di zecca, bonificata dai

punteggiata di città appena fondate,

vengono fatte insediare migliaia di persone

progetti ambiziosi del Duce e

Bambini nel bosco
di Beatrice Masini

C'è un campo, la Base, dove crescono i bambini senza ricordi o memoria. Un giorno ____________
____
____
____
____
____
____
____________.

alterneranno rivalità e gelosie, scoperte e amori.

convinti da uno di loro, Tom,

per esplorare il mondo di fuori.

Ma ben presto nel gruppo si

i ragazzi si spingono nel bosco

La solitudine dei numeri primi
di Paolo Giordano

Due tragici episodi iniziali, con le loro conseguenze irreversibili, saranno il marchio impresso a fuoco nelle vite di Alice e Mattia, adolescenti, giovani e infine adulti. ____________
____
____
____
____
____________.

eppure invincibilmente divisi.

Le loro esistenze si incroceranno, e

Alice soffre di anoressia,

si scopriranno strettamente uniti,

Mattia ha una malsana attitudine all'autolesionismo.

Acciaio
di Silvia Avallone

Nei casermoni di via Stalingrado a Piombino avere quattordici anni è difficile. ____________
____
____
____
____
____
____________.

Lo sanno bene Anna e Francesca, amiche inseparabili.

Quando il corpo adolescente inizia a

oppure sbatti in faccia agli altri la tua bellezza.

i vestiti, in un posto così non hai alternative:

o ti nascondi e resti tagliata fuori,

cambiare, a esplodere sotto

(adattato da *Vanity Fair*)

2a Come si sceglie un romanzo?
Leggi il testo.

VANITY FAIR.it

NEWS | PEOPLE | STARSTYLE | SHOW | FOOD | BLOG | VIDEO | VANITY ME

Aprite a pagina 99 e decidete

Come si sceglie un romanzo? Dall'immagine della copertina? Dall'incipit? Niente di tutto ciò, almeno secondo un sito internet che ha lanciato un concorso (e una teoria) molto particolare...

Per capire se un libro ci piacerà basta aprirlo a pagina 99, quando trama e personaggi sono ormai definiti. È la teoria del sito *www.Page99test.com* dove qualsiasi scrittore potrà caricare la pagina 99 del suo manoscritto e ricevere il responso dei lettori che, dopo aver letto il testo, dovranno dire se volterebbero pagina e comprerebbero il libro. Il tutto senza conoscere il nome dell'autore né il titolo dell'opera.

(adattato da *Vanity Fa*

b) Che libro è?

*Leggi la pagina 99 dei libri descritti al punto **1c** e scrivi il titolo corretto tra quelli della lista.*

Canale Mussolini | Bambini nel bosco | La solitudine dei numeri primi | Acciaio

1 ____________________

In quel momento Giada si piegò in avanti, come se un uomo invisibile le avesse dato un pugno in pancia. Si tenne con una mano al piano della cucina e con l'altra si strinse il ventre. "Che hai?" le chiese Viola. "Devo vomitare" pigolò lei.
"Che schifo, vai in bagno" le gridò la padrona di casa. Ma era già troppo tardi. Con un sussulto Giada si svuotò lo stomaco sul pavimento, di una roba rossiccia e alcolica, che assomigliava a un frullato del dolce di Soledad. Le altre si tirarono indietro, inorridite, mentre Alice cercò di tenerla su prendendola per i fianchi. L'aria si riempì istantaneamente di un odore rancido.

2 ____________________

Invece erano ormai una squadra d'azione – squadristi – e andavano su e giù per tutti i paesi insieme agli altri squadristi amici loro. Per casa non giravano più solo quei due fucili da caccia, ma moschetti da guerra, pistole, mitragliatrici, bombe a mano.
Pure i ragazzini piccoli a casa nostra – pure quelli che camminavano a quattro zampe: il Paride di zio Temistocle e la zia Santapace nostra – pure quelli giravano anche loro sotto i tavoli con il pugnale tra i denti. I miei zii ormai erano in contatto col fascio di Ferrara e quello era un periodo molto caldo.

3 ____________________

Il 13 agosto del 2001, a mezzanotte, Alessio si issò in cima a un palo arrugginito della vecchia linea elettrica assicurandosi con l'imbracatura. Ci si era arrampicato sopra come un gatto. Indossava la tuta da lavoro e il solito berretto dei Chicago Bulls. Da quell'altezza vedeva tutto il promontorio e il mare, poco distante, nero e caldo. Due tralicci più in là, in calzoncini e maniche corte Cristiano sfoderava il tranciacavi e gli faceva segno di cominciare. Aveva arrotolato le gambe intorno al palo, non si era portato neppure una fune per agganciarsi. Lui non aveva paura di niente. Nel petto il battito alterato e la solita emozione, tredicenne, della bravata.

4 ____________________

"E blu, poi. Chissà se è blu anche dentro. Ci verrebbero delle belle costolette, te lo dico io, e con le interiora e quei coscioni si potrebbero fare dei bei salami, dei prosciutti…". Una volta, in un accesso di confidenza, Ruben aveva raccontato del suo passato: nella vita precedente aveva fatto il macellaio.
"Allora meno male che è là e non qua" commentò Jonas. Era preoccupato, anche se evitò di dirlo: quell'animale, per quanto ne sapevano, poteva essere pericoloso, aggressivo. Poteva rivoltarsi contro i bambini, farne strage. Forse era carnivoro, ed era stato il loro odore ad attirarlo.

3 L'intruso

Raggruppa le parole della lista nelle quattro categorie della tabella. Attenzione, alcune parole sono intruse perché non rientrano in nessuna categoria. Le iniziali delle parole intruse in ordine, ti daranno il nome di un prestigioso premio letterario italiano.

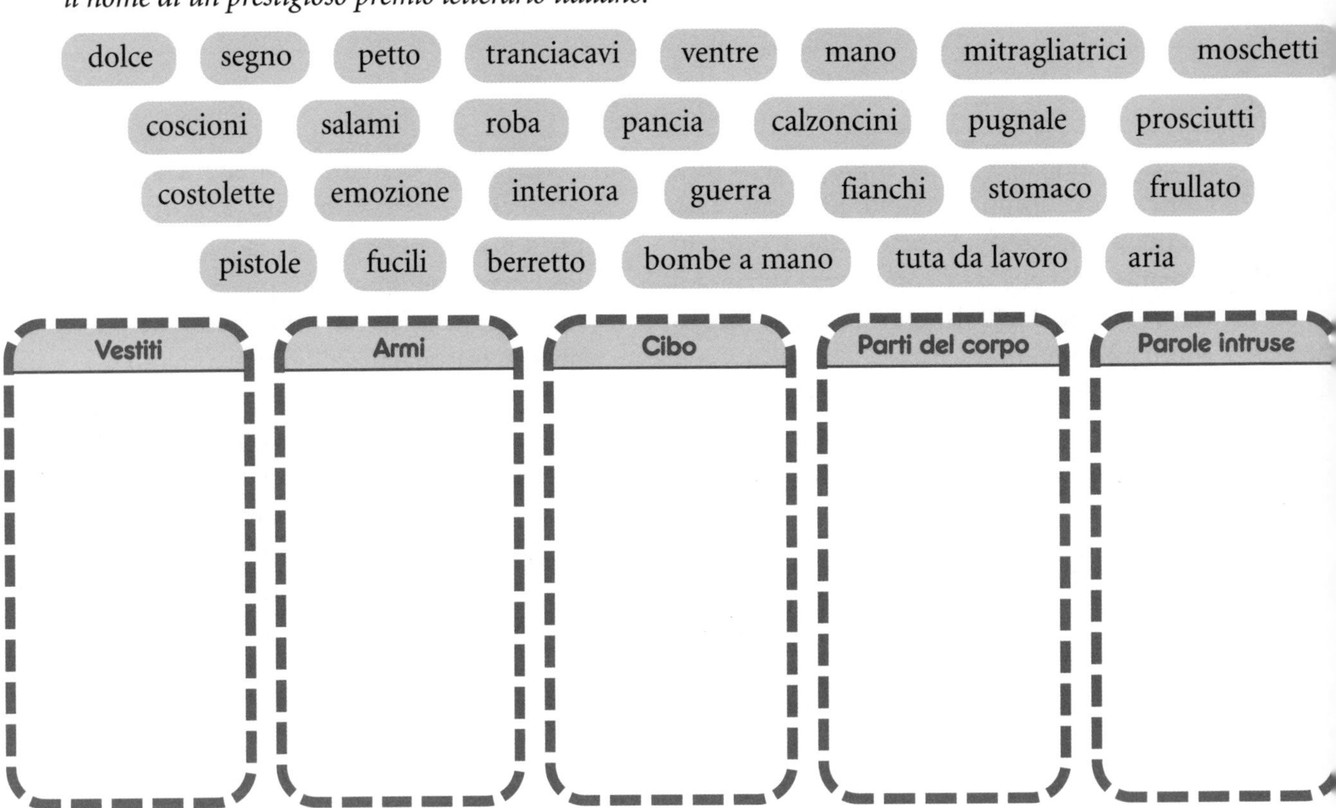

Premio _ _ _ _ _ _

4 Il cruci-avverbi

*Cerca nei testi del punto **2b** gli avverbi corrispondenti alle definizioni e fai il cruciverba.*

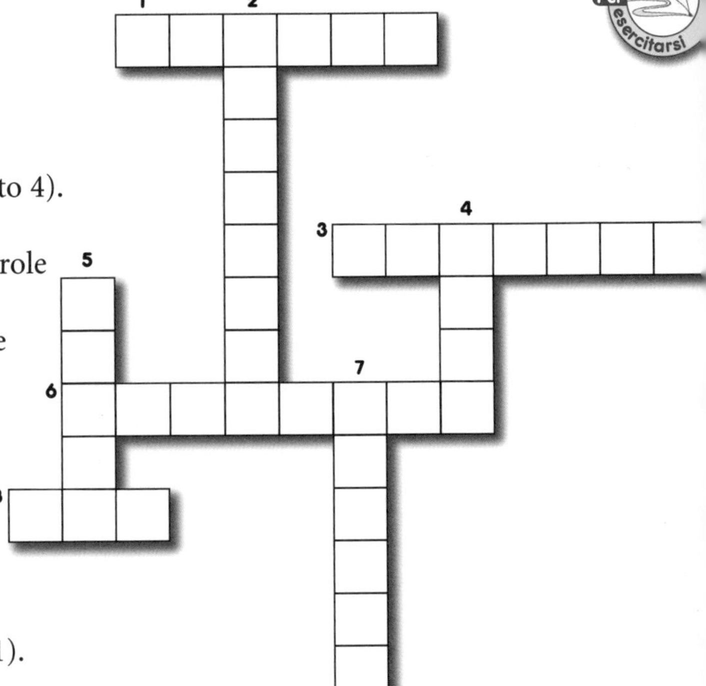

ORIZZONTALI ▸

1. Avverbio che indica incertezza, dubbio (testo 4).
3. Neanche (testo 3).
6. Espressione avverbiale composta da due parole che significa "per fortuna" (testo 4).
8. Indica l'avvenuto compimento di un'azione (testo 1).

VERTICALI ▾

2. Indica la direzione che sta alle spalle (testo 1).
4. Anche (testo 2).
5. A questo punto (testo 2).
7. Indica la direzione che sta di fronte (testo 1).

Per ricordare

Leggi le frasi estratte dai testi al punto ***2b*** *e scegli l'opzione corretta.*

"Che schifo, vai in bagno" le gridò la padrona di casa. Ma era già ***troppo*** *tardi.*

I miei zii ormai erano in contatto col fascio di Ferrara e quello era un periodo ***molto*** *caldo.*

Forse *era carnivoro, ed era stato il loro odore ad attirarlo.*

Gli avverbi servono per modificare o precisare meglio...	☑ un aggettivo ○ un nome ☑ un verbo ☑ un altro avverbio	e	○ sono invariabili. ○ cambiano.

Attenzione: ***molto***, ***troppo***, ***poco*** e ***tanto*** possono essere anche aggettivi.

Avverbio	Aggettivo
Ho bevuto ***molto*** *ieri sera.*	*Ho bevuto* ***molta*** *birra ieri sera.*

5 Avverbio o aggettivo?

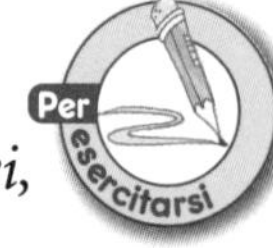

Completa le frasi con **poco**, **troppo**, **molto**, **tanto** *e indica se sono usati come avverbi o aggettivi, come nell'esempio.*

Frase	Avverbio	Aggettivo
1. C'è sempre *tanta* gente in giro in questa stagione.		X
2. Ho paura che questi pantaloni ti stiano troppo stretti.	X	
3. Vorrei fare il tiramisù, ma ho poche uova.		X
4. Lo scheletro umano è formato da molte ossa.		X
5. A Roma, in estate, c'è molta afa.		X
6. L'ultimo libro di Umberto Eco è davvero ~~molto~~ troppo forte!	X	
7. A Londra ho studiato molto ma ho imparato poco	X	
8. Luisa ha sempre ~~molto~~ da fare, beata lei!	X	

poco

6 Leggere: che passione!

Parla con un compagno.

Come scegli un libro?

Che cosa preferisci leggere?

In quali momenti della giornata preferisci leggere?

Qual è un libro che rileggeresti volentieri? E quale consiglieresti a un tuo amico?

Cosa pensi degli e - book?

Qual è l'ultimo libro che hai letto? Di cosa parla?

7 Raccontare al passato

*Completa la tabella con i verbi al passato presenti nei testi al punto **2b**, come nell'esempio.*

Imperfetto	Passato remoto	Trapassato prossimo
era	*si piegò*	*si era arrampicato*

8 I tempi del passato

*In base ai testi che hai letto al punto **2b** e alla classificazione al punto **7** discuti prima con un compagno e poi con l'insegnante le differenti funzioni del **passato remoto**, **imperfetto** e **trapassato prossimo**.*

9 Sono comuni le cose degli amici

*Completa il testo coniugando i verbi al passato (**passato remoto, imperfetto, trapassato prossimo**).*

Sara fece un gesto con la mano alzata, Lorenzo *(prendere)* __________ la rincorsa e *(tuffarsi)* __________.
(Nuotare) __________ verso l'estremità del golfo. *(Abbandonarsi)* __________ supino sul filo del mare e *(chiudere)* __________ gli occhi.
(Sentire) __________ le raffiche sul mare e la corrente che lo *(portare)* __________ verso gli scogli. *(Pensare)* __________ al mare scuro di Anzio e a suo padre chino su di lui contro il sole abbagliante. [...]
(Alzare) __________ la testa per vedere se la riva si stesse allontanando troppo. *(Vedere)* __________ Sara che *(scrollarsi)* __________ di dosso la sabbia.
(Essere) __________ l'anno che poi *(loro-andare)* __________ a Londra? Quando sua madre *(decidere)* __________ di ristrutturare la casa e il nonno li *(aiutare)* __________ in tutto e *(organizzare)* __________ Londra? "Una vacanza lontano da Roma, questo vi serve", li *(sentire)* __________, da dietro la porta, una sera. "Ma io voglio andare al mare" *(provare)* __________ a dire il giorno dopo.
(Prendere) __________ a nuotare sottacqua verso gli scogli. *(Guardare)* __________ i contorni sbiaditi delle alghe scintillanti mentre *(nuotare)* __________ vicino al fondale e poi *(tornare)* __________ su, *(prendere)* __________ aria e *(immergersi)* __________ di nuovo.

da Matteo Nucci, *Sono comuni le cose degli amici*, Tea, 2011

10 FANTASTORIA

Scrivi un breve racconto utilizzando le parole della lista e scegli un titolo adatto.

bosco corvo viottolo
buio burrone paura

parcheggio macchina urla

7 Fuori moda

1a) Di moda o fuori moda in Italia?

Completa la tabella indicando se, secondo te, l'attività è di moda o fuori moda in Italia, come nell'esempio. Poi confrontati con un compagno.

Attività	Di moda	Fuori moda
l'aerobica	✓	
aprire la portiera della macchina a una donna		
i dischi in vinile		
fumare		
il baciamano		
i peli sotto le ascelle e sul petto degli uomini		
abbordare le ragazze straniere		
la cucina cinese		
portare i calzettoni con la gonna		
scrivere slogan politici sui muri		
comprare i vestiti per corrispondenza		
le cabine telefoniche		
parlare in treno		
i casellanti in autostrada		
le parrucche da uomo		

b) Scritto sui muri

Leggi le scritte sui muri e indica il genere del messaggio, tra quelli della lista.

personale | politico | d'amore | sociale

1. ____________________

2. ____________________

3. ____________________

4. ____________________

5. ____________________

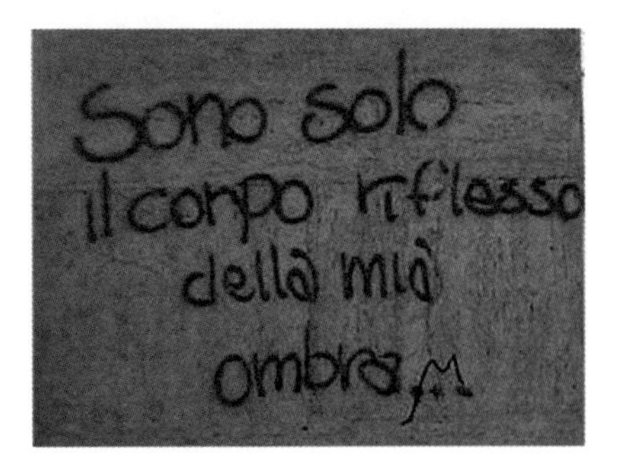

6. ____________________

7. ____________________

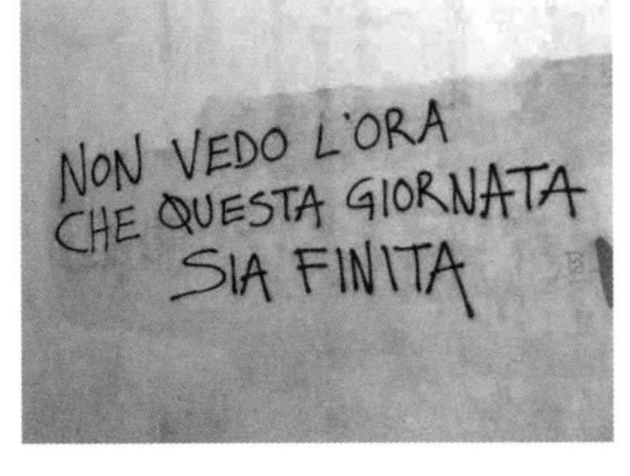

8. ____________________

2a Gli slogan sui muri

Leggi il testo.

Gli slogan sui MURI

Perché *"Annuso il tuo naso, tvtb Mary"* ha sostituito *"La fantasia al potere"*

C'è un albero a Milano che ha il tronco liscio, scuro e irregolare. È un albero alto e forte, sembra giovane e sano, anche se è molto vecchio. Sulla corteccia, all'incirca a tre metri di altezza, si legge ancora una scritta incisa con un coltello o un cacciavite, e ormai quasi rimarginata. Dice: "La fantasia al potere".

Quarant'anni dopo, l'albero è cresciuto, si è fatto grande e la scritta si è arrampicata in alto, fino quasi a scomparire tra le foglie.

Da quant'è che non leggevo uno slogan politico? Per strada ne esistono ancora?

Sembravo ottocentesco, la mattina dopo, mentre percorrevo la città trascrivendo su un foglietto tutto ciò che leggevo sui muri, sulle centraline dell'Enel, sui pali del divieto di sosta, sulle saracinesche e sull'asfalto dei marciapiedi. Ho trascritto messaggi d'amore: "Lisa 21 giorni noi due. Alfio", "Maria e Salvo 3MSC", "Annuso il tuo naso, TVTB Mary", "Patty, ti amo" e poi, di seguito, con un'altra grafia "Io no".

Ho trascritto slogan sportivi: " Il cielo è sempre più … rossonero", " Inter facci sognare". E milioni di *tags*: Noes, Clure, Bua, Uri. Ma ho trovato solo tre scritte politiche, tracciate a pennarello da mani più anziane e tremanti, magari quelle del ragazzo che tanti anni fa scrisse "La fantasia al potere" su un albero. Mi sono chiesto perché.

Perché quando ero piccolo i muri pullulavano di slogan politici e oggi solo di lettere d'amore e di sigle incomprensibili? Perché un tempo, insieme alla violenza, all'insulto e alla celebrazione dei martiri, si leggevano frasi che ti spiazzavano la giornata: "Una risata vi seppellirà", "Boia chi molla", "W i poveri"? Perché a quel tempo molti giovani cercavano di esprimere in pubblico la loro appartenenza politica e visione del mondo, attraverso uno slogan? Perché oggi si limitano a celebrare l'amore (ma non in generale, proprio il proprio, di amore) o a lasciare un segno del proprio passaggio?

Per comunicare, forse, gli bastano internet e il telefonino. Ma allora perché continuano a scrivere sui muri? Io non ho nulla contro i *writer*. Non mi disturbano affatto. Per me non è una questione di decoro urbano. E che trovo incredibile l'assenza di pensiero. Le scritte sui muri, oggi, affermano, in uno spazio pubblico, l'esistenza di un individuo o al massimo di due innamorati. Sembrano volere dire soltanto: ci sono anch'io, e questo è il mio marchio, ci siamo anche noi, e questo è il nostro amore. Non c'è più nessuna appartenenza, neppure il conformismo, da proclamare, è sufficiente lasciare una traccia pubblica del proprio privato, ridotto a logo o a frase d'amore. "Diamo l'assalto al cielo" fu uno degli slogan più belli del '68 parigino. Ma per quarant'anni l'albero è cresciuto, il tronco si è allungato e la corteccia si è rimarginata. La scritta è scomparsa tra i rami o forse si è persa nel cielo, illudendosi di assaltarlo davvero.

LA FANTASIA AL POTERE

(adattato da *D - supplemento de "La Repubblica*

2b Mettiamo in ordine

Ricomponi le frasi, come nell'esempio.

A Milano c'è un albero con	una ricerca per le vie di Milano
L'autore denuncia	come mai ci siano così pochi slogan politici.
Il giornalista si chiede	*una scritta politica, ormai quasi coperta dalle foglie.*
L'autore decide di fare	sul perché oggi le scritte riguardino solo il singolo individuo o al massimo due innamorati.
Lui si interroga	l'eccessivo individualismo e l'assenza di valori condivisi tra i giovani.

3 I contrari

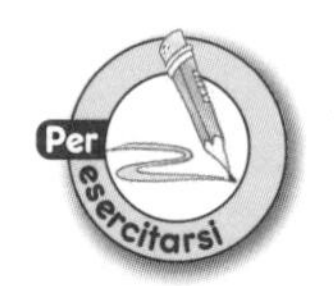

Scrivi il contrario degli aggettivi, contenuti nel testo al punto **2a** *alla riga indicata e specifica in quali casi si possono usare, come nell'esempio.*

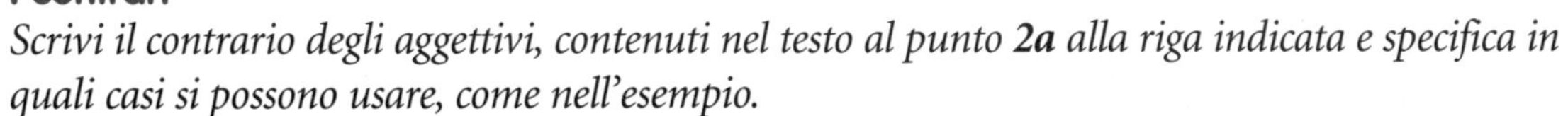

Riga	Aggettivo	Contrario	Si può usare per
2	liscio	*ruvido*	*la pelle, il legno, una superficie...*
2	scuro	chiaro	
2	irregolare		
3	forte	debole	
3	sano	pazzo	
27	sportivo		
31	anziano	giovane	
31	tremante		
37	incomprensibile	comprehensibile	
56	urbano	rurale	
56	incredibile	credibile	
58	pubblico	privato	

Per ricordare

*Osserva le frasi estratte dal testo al punto **2a** e completa.*

*Perché quando ero piccolo i muri pullulavano di slogan politici e oggi solo di lettere d'amore e di sigle **incomprensibili**?*

*[...] trovo **incredibile** l'assenza di pensiero.*

Da quali verbi derivano i due aggettivi?
Incomprensibile deriva dal verbo _______________, ***incredibile*** deriva dal verbo _______________.

Da quali verbi derivano gli aggettivi seguenti?
sopportabile ➔ _______________ ***spendibile*** ➔ _______________ ***udibile*** ➔ _______________

Qual è il significato del suffisso *-bile*?
○ che si può ○ che si deve ○ che si vuole

Qual è la regola generale della derivazione per questa categoria di aggettivi?
amare ➔ amabile ➔ *-a-bile* leggere ➔ leggibile ➔ ________ agire ➔ agibile ➔ ________

Attenzione alle irregolarità: ***comprensibile, bevibile, sensibile, possibile, accessibile, visibile.***

4a Cosa significherà mai?

Leggi gli acronimi e scegli il significato.

Per esercitarsi

3MSC ○ tre metri sopra il cielo ○ tre mesi senza casa ○ tre minuti senza capire

TVTB ○ ti voglio dare tanti baci ○ ti voglio tanto bene ○ ti vedo e ti bramo

4b Chattiamo?

Associa il significato agli acronimi e inseriscili nei messaggi on-line alla pagina seguente, come nell'esempio

Sigla/Acronimo	Significato
dv	privato
xké	digiti
tat	perché
qcn	perfettamente d'accordo
pvt	messaggio
dgt	dove
c6?	qualcuno
PDA	va bene (vabbè)
mex	*ti amo tanto*
vbb	ci sei?

4c La chat

*Inserisci gli acronimi al punto **4b** nel messaggio on-line.*

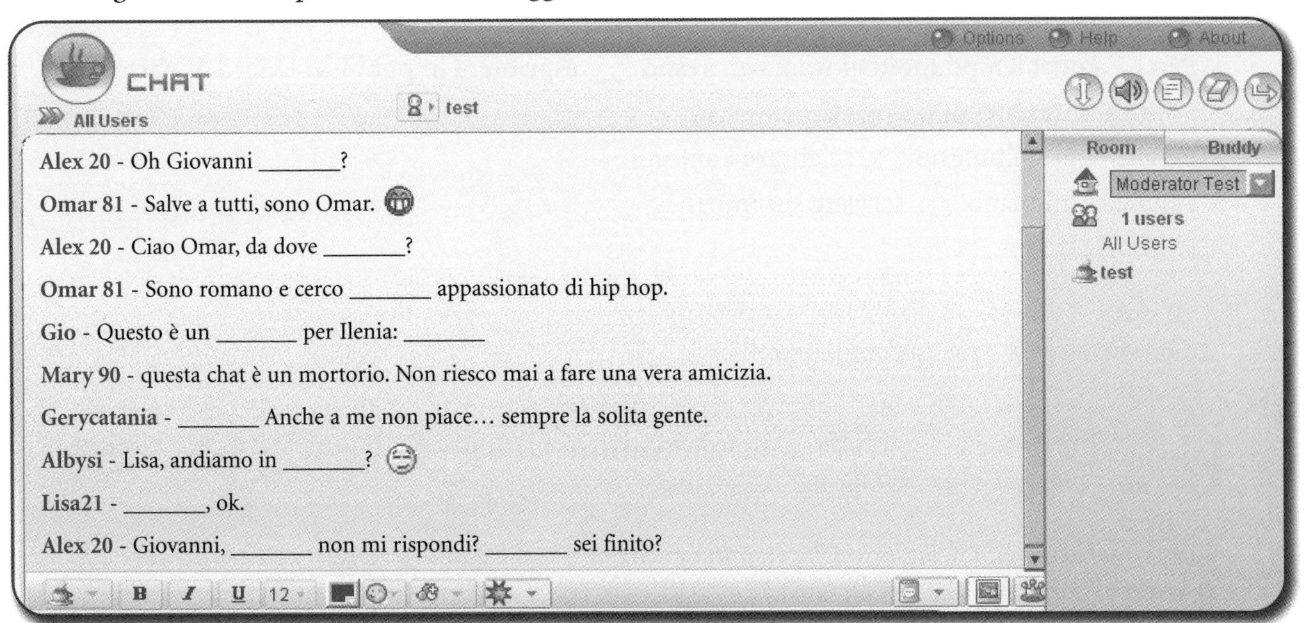

5 Il pescacronimi

Per giocare

*Gioco a squadre. Preparate dei bigliettini scrivendo su ognuno un acronimo tra quelli al punto **4b** o altri che conoscete. Inseriteli in una scatola posta al centro del banco e disponetevi ai lati. A turno, un componente di ogni squadra pesca un foglietto e prova, con il suo gruppo, a dare un nuovo significato all'acronimo in un tempo massimo di 30 secondi. L'altra squadra, con l'insegnante, valuterà se la proposta è valida. In questo caso il foglietto rimane al gruppo che sta giocando, altrimenti passa all'altra squadra. Vince il gruppo che ha in possesso più biglietti.*

6 E tu?

Per chiacchierare

Parla con un compagno.

Cosa succede a quelli che scrivono sui muri nel tuo paese?

Bisognerebbe vietarlo, per questioni di decoro urbano?

Secondo te perché lo fanno?

Cosa pensi di quelli che scrivono messaggi sui muri, sui tronchi degli alberi, sui marciapiedi?

Anche secondo te i messaggi che si scrivono oggi in Italia denunciano una mancanza di valori condivisi?

Che tipi di messaggi si possono leggere nel tuo paese?

Tu hai mai lasciato una scritta da qualche parte? Dove? Cosa hai scritto?

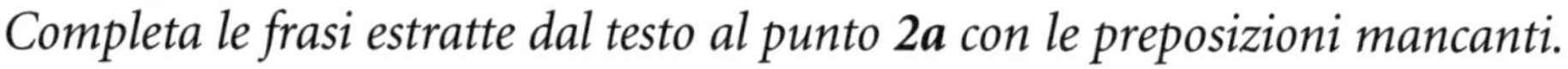

7a Quale preposizione manca?

*Completa le frasi estratte dal testo al punto **2a** con le preposizioni mancanti.*

1. Perché a quel tempo molti giovani cercavano ___ esprimere in pubblico la loro appartenenza politica attraverso uno slogan?
2. Perché oggi si limitano ___ celebrare l'amore?
3. Perché continuano ___ scrivere sui muri?

7b Di o A?

*Completa con le preposizioni **di** o **a**.*

cercare ___ + infinito | *limitarsi* ___ + infinito | *continuare* ___ + infinito

Adesso inserisci i verbi della lista nella colonna giusta in relazione alla preposizione che richiedono prima di un verbo all'infinito, come nell'esempio.

avere bisogno · *cominciare* · abituarsi · aiutare · mettersi · ricordarsi · imparare · finire · andare · venire · decidere · consigliare · dire · fermarsi · invitare · sperare · chiedere · accettare · passare · preoccuparsi · insegnare · avere voglia · divertirsi · smettere · temere · continuare · credere · terminare · avere paura · suggerire

DI	A
avere bisogno	*cominciare*

Per ricordare

Completa la regola.

Dopo i verbi che indicano l'inizio di un'azione si usa la preposizione _____.
Dopo i verbi che indicano la continuazione di un'azione si usa la preposizione _____.
Dopo i verbi che indicano la fine di un'azione si usa la preposizione _____.
Dopo i verbi di movimento si usa la preposizione _____.
Dopo i verbi composti da *avere* + *sostantivo* si usa la preposizione _____.

8 Dillo con uno slogan

Scrivi uno slogan che esprima la tua opinione su ciascuna situazione.

la violenza negli stadi

lo stalking

scaricare musica e film dal web

8 Vita precaria

1a) Alla tua età

Osserva la vignetta.
Che cosa vuol dire?
Parlane con un compagno.

1b) Crucipuzzle: il mondo del lavoro

Completa le definizioni e cerca nel crucipuzzle le parole corrispondenti.

1. Il documento che riceviamo ogni mese dove è scritto quanto abbiamo guadagnato: B_ _ _ _ P_ _ _ .
2. Un lavoro a scadenza è detto A TEMPO D_ _ _ _ _ _ _ _ _O.
3. Un lavoro stabile è detto anche F_ _ _ _.
4. Un lavoro che richiede molta attenzione è I_ _ _ _ _ _ _ _V_.
5. Un lavoro illegale viene detto N_ _ _.
6. Un lavoro che occupa solo qualche ora al giorno o qualche giorno alla settimana: P_ _ _ T_ _ _ .
7. Un lavoro non stabile, discontinuo è detto P_ _ _ _ _I_.
8. Se guadagno tanto, il mio lavoro è R_ _ _ _ _ _ _ _ _V_.
9. Quello che guadagno ogni mese: S_ _ _ _ _ _ _ _.
10. Un lavoro che mi occupa tutto il giorno, per tutta la settimana è detto A T_ _ _ _ P_ _ _ _.

<table>
<tr><td>R</td><td>E</td><td>B</td><td>S</td><td>B</td><td>F</td><td>A</td><td>O</td><td>I</td><td>O</td><td>C</td><td>O</td></tr>
<tr><td>P</td><td>E</td><td>R</td><td>U</td><td>I</td><td>Y</td><td>R</td><td>Y</td><td>N</td><td>D</td><td>D</td><td>V</td></tr>
<tr><td>V</td><td>A</td><td>M</td><td>S</td><td>S</td><td>E</td><td>A</td><td>E</td><td>A</td><td>E</td><td>A</td><td>I</td></tr>
<tr><td>I</td><td>O</td><td>S</td><td>U</td><td>N</td><td>T</td><td>I</td><td>Y</td><td>T</td><td>Z</td><td>O</td><td>T</td></tr>
<tr><td>E</td><td>O</td><td>I</td><td>X</td><td>N</td><td>P</td><td>A</td><td>E</td><td>K</td><td>I</td><td>M</td><td>A</td></tr>
<tr><td>H</td><td>W</td><td>S</td><td>D</td><td>O</td><td>E</td><td>R</td><td>P</td><td>R</td><td>D</td><td>Y</td><td>N</td></tr>
<tr><td>P</td><td>Q</td><td>H</td><td>P</td><td>N</td><td>M</td><td>R</td><td>A</td><td>A</td><td>E</td><td>A</td><td>G</td></tr>
<tr><td>F</td><td>E</td><td>M</td><td>R</td><td>I</td><td>E</td><td>C</td><td>A</td><td>D</td><td>G</td><td>H</td><td>E</td></tr>
<tr><td>A</td><td>E</td><td>E</td><td>N</td><td>W</td><td>E</td><td>P</td><td>V</td><td>T</td><td>M</td><td>A</td><td>P</td></tr>
<tr><td>T</td><td>Z</td><td>A</td><td>F</td><td>R</td><td>S</td><td>I</td><td>I</td><td>B</td><td>I</td><td>L</td><td>M</td></tr>
<tr><td>X</td><td>T</td><td>L</td><td>P</td><td>A</td><td>V</td><td>L</td><td>C</td><td>T</td><td>N</td><td>V</td><td>I</td></tr>
<tr><td>O</td><td>P</td><td>A</td><td>R</td><td>T</td><td>T</td><td>I</td><td>M</td><td>E</td><td>S</td><td>H</td><td>O</td></tr>
</table>

2 Intervista

Leggi il testo.

Intervista a Sara Lorenzini

Diario semiserio di una redattrice a progetto

Sara Lorenzini è autrice del libro "Diario semiserio di una redattrice a progetto".
Il romanzo ci fa conoscere con semplicità, ironia e giusta leggerezza il volto nascosto della televisione attraverso gli occhi di una giovane redattrice precaria. Sara Lorenzini lavora attualmente come editor per riviste di bambini e adolescenti.

Nel suo libro, "Diario semiserio di una redattrice a progetto" racconta il dietro le quinte del magico mondo della televisione. Chiusi i riflettori, la televisione continua a essere magica oppure è soltanto un'illusione?
La televisione è una fabbrica in cui si producono, con un lavoro a catena, intrattenimento, spettacolo, immagini. Spenti i riflettori, c'è un esercito di operai che continuano a lavorare con passione e con fatica. La magia c'entra poco.

La protagonista del suo libro è una ragazza precaria. Che cosa rende il precariato nelle redazioni e dei redattori diverso dal precariato presente nelle altre professioni?
Niente, davvero. I contratti a progetto, con le difficoltà quotidiane che comportano e l'ansia costante del rinnovo, sono le stesse per tutti. I redattori non sono di certo dei privilegiati perché lavorano in quello che molti

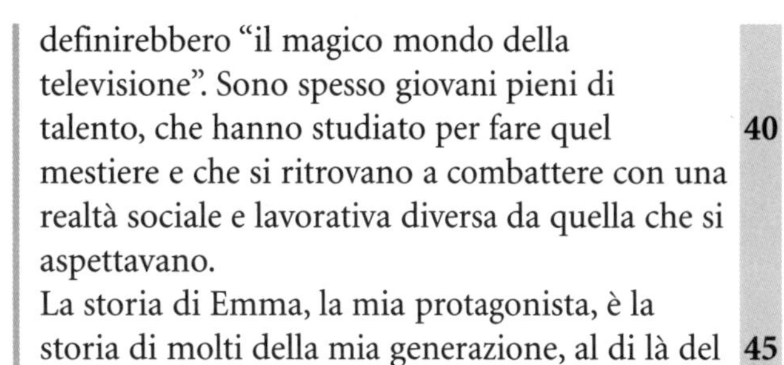

definirebbero "il magico mondo della televisione". Sono spesso giovani pieni di talento, che hanno studiato per fare quel mestiere e che si ritrovano a combattere con una realtà sociale e lavorativa diversa da quella che si aspettavano.
La storia di Emma, la mia protagonista, è la storia di molti della mia generazione, al di là del contesto in cui svolge la sua professione.

Quali sono gli aspetti caratteriali e psicologici che dovrebbe avere un buon redattore per sopravvivere alla vita di redazione?
Determinazione, fantasia, precisione, creatività, tenacia, intuito e un grande capacità di lavoro in gruppo.

Siamo abituati come pubblico televisivo ad ascoltare cifre da capogiro. Ad esempio, il vincitore del "Grande Fratello 10" ha vinto 250.000 euro. I redattori mediamente quanto guadagnano?
Che io sappia, un redattore in media può guadagnare anche un netto minimo di mille euro al mese, mille cinquecento e poco più, se non è alle prime armi…

Ha dei consigli da dare alle aspiranti neo redattrici?
Rubare con gli occhi il mestiere dell'autore. Queste professioni si possono imparare solo sul campo…

3 Spettacolo o lavoro?

*Cerca nel testo al punto **2**, alle righe indicate, le parole corrispondenti alle definizioni e indica se si riferiscono al mondo dello spettacolo o al mondo del lavoro, come nell'esempio.*

Riga	Aggettivo	Parola	Spettacolo	Lavoro
2	chi si occupa della stesura o della revisione di articoli	*redattrice*		X
13	pezzi di stoffa che delimitano il palcoscenico			
14	apparecchi di illuminazione			
18	il posto dove vengono creati i prodotti industriali			
20	si definisce così un lavoro dove ognuno produce una piccola parte di un prodotto finito			
23	le persone che lavorano in fabbrica			
33	un tipo di contratto a tempo determinato			
66	lo stipendio senza le tasse			

4 Lavorare oggi

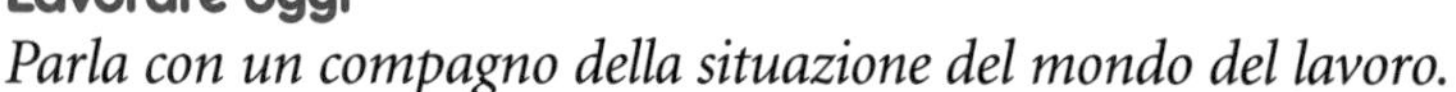

Parla con un compagno della situazione del mondo del lavoro.

Com'è la situazione nel tuo paese?

Esistono delle agevolazioni e degli aiuti per i giovani?

A che età i giovani entrano nel mondo del lavoro? A che età si va in pensione?

Quali sono le professioni più diffuse? E quali i mestieri che stanno scomparendo?

Che tipi di contratto esistono?

Cosa sai del mondo del lavoro in Italia?

5 Un po' di ironia

Completa le vignette con le battute della lista.

SONO SINGLE E DISOCCUPATA | A QUESTO PUNTO LAUREA E MASTER LI METTEREI FRA GLI HOBBY

ANCH'IO, PERÒ MI SONO ORGANIZZATO | ORGANIZZIAMO UNA CACCIA AL TESORO

SCHERZI?! PRIMA C'È LA VECCHIAIA SENZA PENSIONE | OK! MA QUANDO INIZIAMO?

1.

MORIREMO PRECARI?

2.

OPERAIO, IMBIANCHINO, FACCHINO, CAMERIERE. IL MIO CURRICULUM VANTA MOLTI LAVORI UMILI.

ARNALD

3.

SECONDO LA RIFORMA DELLE PENSIONI, NOI GIOVANI SMETTEREMO DI LAVORARE A SETTANT'ANNI.

4.

FUORI I SOLDI!

CAPITI MALE, AMICO! SONO UN PRECARIO ...

BAR

5.

FINALMENTE SONO RIUSCITA A CONCILIARE FAMIGLIA E LAVORO.

Pat

6.

MILIONI DI ITALIANI IN CERCA DI UN LAVORO.

ARNALD

6a Verbi e pronomi

Leggi la frase tratta dal testo al punto **2** *(righe 25-26) e rispondi alla domanda.*

La magia c'entra poco.

Cosa significa il verbo ***entrarci***?

○ essere necessario ○ essere attinente ○ essere sufficiente

6b I verbi pronominali

Esistono altri verbi costruiti con i pronomi. Collegali al loro significato, come nell'esempio.

Verbo	Significato
mettercela tutta	usare tutte le proprie energie
metterci	arrabbiarsi
farcela	usare, impiegare
volerci	avere il coraggio, la capacità di fare qualcosa
cavarsela	riuscire in un'impresa
prendersela	andare via da un posto
sentirsela	*essere necessario*
fregarsene	essere arrabbiato con qualcuno
andarsene	non dare per niente importanza
avercela	uscire da una situazione complicata, riuscire abbastanza bene in qualcosa

Per ricordare

Completa le coniugazioni con i pronomi mancanti.

	farcela	prendersela	andarsene	metterci
io	ce la faccio	_______ prendo	me ne vado	_______ metto
tu	_______ fai	te la prendi	_______vai	ci metti
lui/lei	_______ fa	_______ prende	se ne va	_______ mette
noi	ce la facciamo	_______ prendiamo	_______ andiamo	_______ mettiamo
voi	_______ fate	ve la prendete	_______ andate	_______ mettete
loro	_______ fanno	_______ prendono	_______ vanno	ci mettono

7 La trama

Vuoi conoscere la storia raccontata nel libro "Diario semiserio di una redattrice a progetto"? Riordina i frammenti di testo, come nell'esempio, e inserisci negli spazi i verbi pronominali della lista.

Per esercitarsi

1/ c 2/___ 3/___ 4/___ 5/___

ce l'hanno | se la cava | *ce la mettono tutta* | se la sente | ci vuole

1. *Emma, la protagonista del romanzo, è una redattrice che lavora per reclutare personaggi che hanno subìto tragedie e* ce la mettono tutta *per uscirne fuori. Ogni giorno, assieme ad altri redattori, legge*	**a.** il contratto. ________________ una storia esagerata, una bomba a orologeria, un colpo di fortuna.
2. Emma lavora per una trasmissione che si chiama "A cuore aperto" e deve trovare le persone giuste che raccontino le loro	**b.** situazioni spiacevoli anche nella vita privata.
3. Purtroppo il suo contratto è a progetto e ha a disposizione solo tre mesi di tempo per poter rinnovare	**c.** *mail e riceve telefonate di possibili concorrenti che* ________________ *con il mondo a causa di piccole o grandi tragedie.*
4. Il problema non è solo questo, però, poiché la protagonista del romanzo sta vivendo	**d.** un rapporto di "affinità di letterati sensi", ma ha anche un fidanzato che lavora per una soap opera poco raccomandabile e Emma non ________________ di lasciarlo.
5. Conosce un uomo più grande di lei con cui crede di avere	**e.** storie strappalacrime da mandare in onda in prima serata. E nel suo lavoro ________________ molto bene.

8 Le professioni emergenti

Quiz a squadre. Scegliete la definizione giusta per ogni "nuova professione". Vince la squadra che totalizzerà più risposte esatte.

1. Il *compcierge*
- **a.** ○ lavora in un negozio di informatica.
- **b.** ○ lavora in un albergo.

2. L'*e-commerce account*
- **a.** ○ ha il compito di progettare e realizzare un sito per la vendita in rete.
- **b.** ○ si occupa di sistemi finanziari sul web.

3. Il *virtual set designer*
- **a.** ○ crea set cinematografici o televisivi al computer
- **b.** ○ crea disegni di interni al computer

4. Il *consulente gerontologo*
- **a.** ○ fa indagini sull'età della popolazione
- **b.** ○ si occupa dei problemi degli anziani

5. Il *pararescuer*
- **a.** ○ assicura contro i rischi causati da incidenti
- **b.** ○ fornisce aiuti in caso di conflitti o disastri naturali

6. Il *broadband architect*
- **a.** ○ organizza i contenuti interattivi della rete
- **b.** ○ progetta nuovi modelli di televisione

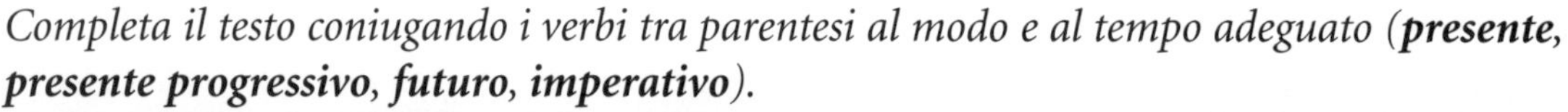

9 Le professioni del futuro

*Completa il testo coniugando i verbi tra parentesi al modo e al tempo adeguato (**presente**, **presente progressivo**, **futuro**, **imperativo**).*

Siete, per lavoro, in un grande albergo di una grande città. In questo momento, sedute sul letto della vostra camera, *(mettercela)* __________________ tutta per collegarvi a Internet con il vostro portatile, che invece non vuol saperne di funzionare. Non *(prendersela)* __________________; se l'albergo è davvero all'altezza vi manderà subito in camera il "compcierge", ovvero un portiere d'albergo esperto in computer e informatica.

È sicuramente questo il mestiere più curioso fra le nuove professioni del millennio. Lo segnala il sito *Careerpath*, esperto in ricerca e selezione del personale, che ha evidenziato i 17 "hot jobs", ovvero le professioni che andranno davvero forte da qui in avanti. Ma anche gli "obsolete jobs", le professioni che nei prossimi anni proprio non *(farcela)* __________________ a stare al passo coi tempi. Tra queste le segretarie (sostituite dai computer), gli agenti di viaggio (si fa tutto via web), i postini (l'e-mail sostituirà le lettere), gli istruttori di ginnastica (i corsi sono on-line), le annunciatrici tivù e i farmacisti.

Se siete fra questi, è meglio dare un'occhiata al nuovo che avanza. Come l'"e-commerce accountant", l'esperto in commercio elettronico che si occupa dello sviluppo di un sito per la vendita in rete, o il "virtual set designer", il designer di set virtuali, capace di creare set cinematografici o televisivi al computer.

Se proprio non *(cavarsela)* __________________ con computer ed elettronica, non disperate. Tra le professioni del futuro potete trovare quello che fa per voi, soprattutto nel settore del sociale, come il "consulente gerontologo", utilissimo visto che nei prossimi 40 anni gli ultrasessantacinquenni triplicheranno. E se proprio non *(sentirsela)* __________________ di occuparvi degli anziani, potete sempre scegliere di essere un "pararescuer", specializzato nel fornire aiuti in caso di conflitti o disastri naturali.

Se poi non *(fregarsene)* __________________ niente del tipo di lavoro da fare, ma vi interessa soprattutto guadagnare, potete provare a diventare un "broadband architect", letteralmente "architetto delle televisioni", figura assolutamente nuova di consulente sulle innovazioni interattive della rete. Non *(volerci)* __________________ lauree specifiche ma solo la capacità di gestire e organizzare i contenuti interattivi della rete. Lo stipendio previsto è il più alto tra quelli indicati da *Careerpath*: oltre 150.000 euro annui. Vale un tentativo, no?

(adattato da *www. spaziodonna.com*

10 La parola alla gente

Completa la lettera con le parole della lista.

azienda | cassa integrazione | cifra | contratto | ferie | laureato | lavoro | netti | settore turistico | tempo indeterminato

Lettere

Caro Serra,
mi chiamo Laura, sono romana, 38 anni, sposata, due figli di sei e tre anni. Noi non abbiamo più un vero ___________.
Mio marito, _______________, un tempo con contratto a ______________, è stato licenziato due anni fa. Ma non facendo parte di una grande _______________, non ha avuto neanche la ______________. Da allora si arrangia un po' qua un po' là, perché non ha trovato altro. Io, con la conoscenza di due lingue straniere, sono stata assunta da un anno con ____________ a chiamata nel ______________. Vengo pagata (quasi sei euro _____________ l'ora) solo quando hanno bisogno che io lavori. Per entrambi niente malattia e niente _____________. Paghiamo 950 euro di affitto al mese perché non abbiamo ereditato alcuna casa, andiamo avanti con l'aiuto dei genitori. In due, non possiamo permetterci neanche di pagare l'affitto!
È venuta a trovarmi un'amica tedesca con marito e due figli. Hanno appena comprato una casa di 150 metri quadrati con giardino, vicino a Berlino. Il prezzo? Reggetevi forte: 165 mila euro! A Roma con quella ___________ non si compra nemmeno un garage!
Cosa dobbiamo fare? Cosa devono fare i nostri figli? Andarsene?

(adattato da *Il Venerdì di Repubblica*)

11 Il giornalista risponde

*Immagina di essere il giornalista che ha ricevuto la lettera dell'attività **10** e rispondi esprimendo il tuo parere e dando i consigli giusti.*

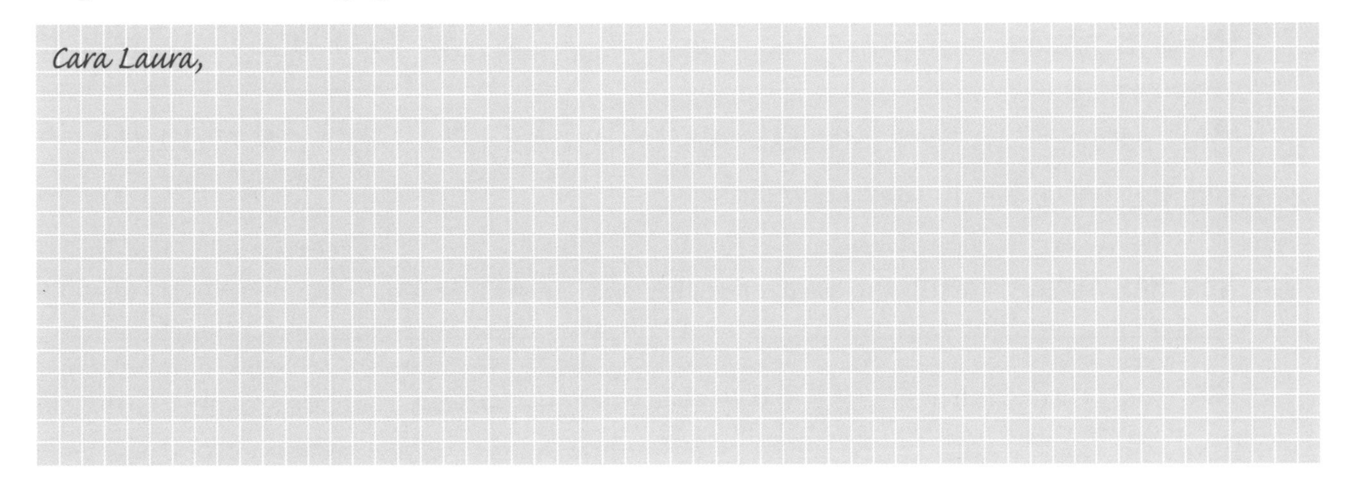

9 L'intervista impossibile

1) L'indizio

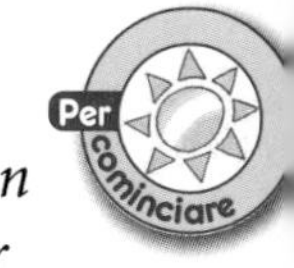

Il protagonista dell'intervista che leggerai ha lasciato degli indizi per farti capire chi è. Copri con un foglio la lista e insieme a un compagno scopri un indizio alla volta. Chi riuscirà a capire per primo chi è il personaggio misterioso?

SONO UN MODO, MA NON DI DIRE!

SONO IL PIÙ ELEGANTE.

QUALCUNO DICE CHE STO MORENDO.

NON SONO UNA MALATTIA DEGLI OCCHI.

SE VUOI ESPRIMERE UNA TUA OPINIONE, IO CI SARÒ.

HO QUATTRO TEMPI, MA NON SONO UN MOTORE.

QUALCUNO MI USA ANCHE QUANDO NON DOVREBBE.

SONO L'AMICO FIDATO DI ALCUNE CONGIUNZIONI, MA NON SOPPORTO "ANCHE SE".

SPESSO GLI ITALIANI MI TRATTANO MALE (COME STO MALE QUANDO SENTO "STASSI" E "DASSI"!!!).

USAMI DOPO IL SE SE VUOI ESPRIMERE UNA POSSIBILITÀ E, PER CARITÀ, IN QUESTI CASI NON SOSTITUIRMI CON IL CONDIZIONALE!!!

NON HAI ANCORA CAPITO CHI SONO? ALLORA METTITI A STUDIARE!

2a L'intervista

Leggi l'intervista.

Intervista all'emerito Signor Congiuntivo

I grammatici definiscono il congiuntivo come "quel modo del verbo che esprime un'azione non ritenuta reale e certa, ma solo possibile" e in un'epoca come quella attuale, fin troppo segnata da dubbi e incertezze, si preferisce perciò abolire quanto più possibile i "se", i "credo", i "forse", ricorrendo all'uso, molto più tranquillizzante, dell'indicativo, il modo della realtà e della certezza. Parliamone allora con il diretto interessato, che siamo riusciti a rintracciare eccezionalmente per l'occasione. Di solito, infatti, non rilascia facilmente interviste.

Salve Signor Congiuntivo, che piacere incontrarLa! Diciamo che ultimamente latita di frequente... Come sta? Ha l'aria un po' trascurata e afflitta... non si sente bene?

Diciamo che ho avuto tempi migliori... quando ero amato e ricercato nel linguaggio scritto come in quello parlato

In effetti è sotto gli occhi e soprattutto le orecchie di tutti che il suo uso è in discesa e sempre più persone le preferiscono il suo collega Indicativo...

Ahimè! Quello che lei sostiene è vero, si figuri che anche su Facebook è stato creato un gruppo, "Il congiuntivo non è una malattia degli occhi"... davvero imbarazzante... *(Sorrido, ma per non infierire e rischiare di sembrare scortese, proseguo con le domande)*

Ci spieghi, perché avviene ciò?

Vede, le lingue nascono nella coscienza comune di milioni di parlanti che, a un certo punto, sentono l'esigenza di esprimersi in un certo modo piuttosto che in un altro perché lo ritengono più adatto nel descrivere ciò che hanno in testa, e ciò avviene principalmente in maniera inconsapevole. In alcuni casi poi, non si sente più il bisogno di segnare la differenza tra l'oggettività *(so che è così)* e la soggettività *(credo che sia così)*

Alcuni grammatici parlano addirittura di una presunta "morte del congiuntivo" nell'italiano di oggi...

(Il nostro interlocutore a questa affermazione si scompone un po', ma si trattiene da qualsiasi gesto scaramantico. Non c'è dubbio: è proprio un gran signore!)

A questo proposito posso dire che alcuni studiosi mi ritengono ancora ben saldo, soprattutto nell'italiano scritto. Certo, forse la situazione è un po' diversa per quanto riguarda la lingua parlata (e non in tutte le regioni). Quindi, più che di morte, parlerei di qualche acciacco legato all'età!

Ma mi faccia il piacere!

Si difende bene, vedo, e questo mi fa molto piacere! Certo, fin quando al suo posto viene usato l'indicativo, in alcuni casi ci può anche stare, nel senso che l'uso corretto della lingua lo prevede... ma spesso, accanto al "se" per esempio, fa capolino il suo collega Condizionale e l'italiano viene tristemente deturpato...

Non me lo ricordi, per favore! È un duro colpo al cuore ogni volta che sento "Se io farei... Se lei vorrebbe..." E non ha idea di quanto quel pasticcione del Condizionale sia amato dai giovani studenti italiani, per non parlare poi di alcuni politici... Non lo sopporto, non sta mai al suo posto!

Ha ragione, ha ragione... in questo caso si incorre in errori davvero imperdonabili. La cosa importante è che la gente faccia la Sua conoscenza e che poi decida se può usarlo o, in alcuni casi, fare a meno della Sua illustre presenza [...].

(di Venera Tripoli)

2b Qual è quella giusta?

Sottolinea, tra le affermazioni che trovi di seguito, quelle presenti nel testo al punto ***2a****.*

1. Il congiuntivo è considerato il modo per esprimere azioni probabili.
2. La crisi del congiuntivo riflette la crisi dell'epoca attuale.
3. Il congiuntivo appare all'intervistatrice un po' ingrassato.
4. Lui non è cosciente del fatto che il suo uso è in fase calante.
5. Nella lingua scritta l'uso del congiuntivo è ancora molto importante.
6. A volte non è così orribile usare l'indicativo al posto del congiuntivo.
7. Solo i giovani italiani usano impropriamente il condizionale al posto del congiuntivo.

3 Cosa significa?

Collega le espressioni, contenute nel testo al punto ***2a*** *alla riga indicata, al significato, come nell'esempio.*

Riga	Espressione	Significato
10	*rintracciare*	ipotizzata
16	latita	rovinato
18	afflitta	*trovare*
24-25	è sotto gli occhi di tutti	si fa vedere
33	infierire	è possibile
46	presunta	un dolore
48-49	si scompone	molto triste
58	acciacco	tutti possono vedere
63	ci può stare	confusionario
66	fa capolino	si nasconde
67	deturpato	leggero malanno
68-69	un duro colpo al cuore	insistere per far male
71	pasticcione	perde il controllo

4 **Tu e le lingue**

Parla con un compagno.

Cos'è importante per te nell'imparare una lingua? La capacità di comunicare o la correttezza?

Qual è la tua opinione sulla situazione del congiuntivo?

Osservi anche nella tua lingua una tendenza alla semplificazione?

Quali sono secondo te gli aspetti più difficili della lingua italiana?

Tu quali strategie usi per migliorare la conoscenza dell'italiano?

Per ricordare

Osserva le frasi estratte dal punto ***2a*** *e completa.*

Parliamone allora con il diretto interessato, che siamo riusciti a rintracciare ***eccezionalmente*** *per l'occasione. Di solito, infatti, non rilascia* ***facilmente*** *interviste.*

Ma spesso, accanto al "se" per esempio, fa capolino il suo collega Condizionale e l'italiano viene ***tristemente*** *deturpato.*

Le parole ***eccezionalmente***, ***facilmente***, ***tristemente*** sono avverbi di modo derivati da aggettivi. Da quali aggettivi derivano?

tristemente → ______________________ ***veramente*** → ______________________

facilmente → ______________________ ***particolarmente*** → ______________________

Completa la tabella, come nell'esempio e definisci la regola per la derivazione degli avverbi di modo.

Aggettivo	Avverbio
veloce	velocemente
	tristemente
	veramente
	modestamente
	naturalmente
	particolarmente

Gli aggettivi che terminano in *-e* ____.

Gli aggettivi che terminano in *-o* ____.

Gli aggettivi che terminano in *-re* e *-le* ______________________________________.

5 Il padre della lingua italiana

Indica se gli avverbi elencati esistono o no, come nell'esempio. Riportando le iniziali degli avverbi esistenti, elencati nella tabella, otterrai il nome di uno dei padri della lingua italiana, forse il più famoso al mondo.

Per esercitarsi

Avverbio	Sì	No
vecchiamente		X
duramente		
attentamente		
giovanemente		
nettamente		
tranquillamente		
giallamente		
tantamente		
eternamente		
avidamente		
scuramente		
buonamente		
leggermente		
ingenuamente		
giustamente		
contentamente		
chiusamente		
inutilmente		
rottamente		
effettivamente		
ruvidamente		
sposatamente		
inevitabilmente		

									H				

6 **Dieci semplici regole per imparare una lingua straniera**

Completa le frasi con gli avverbi derivanti dagli aggettivi della lista.

diretto | efficace | facile | globale | gratuito | lento | nervoso | recente | ripetuto | spontaneo

i want to speak .net

LOGIN

- Crea un nuovo account
- Richiedi una nuova password

BOOKMARK

Lingua del sito: Italiano

Impara una lingua, trova un madrelingua!

Home › Blogs ›

10 semplici regole per imparare una lingua straniera

Posted by Giuliana from Italy

1. **Ascolta la musica**
   Scegli le canzoni che ti piacciono e ascoltale ____________________. Questo è utile perché ogni volta ascolti, canti e metti in pratica, non solo le parole e la grammatica, ma anche il ritmo e il suono della musica.
2. **Leggi i fumetti**
   La tua mente memorizzerà le immagini ____________________ e le assocerà ai vocaboli utilizzati. È un processo naturale di apprendimento.
3. **Leggi dei libri**
   Cerca di comprendere le frasi ____________________.
4. **Leggi le riviste in rete**
   Scegli articoli con immagini e capirai più ____________________ il significato del testo.
5. **Leggi sempre ____________________**, non essere frettoloso.
6. **Non aver paura di commettere errori**
   Non reagire agli errori ____________________ ma affrontali con calma.
7. **Guarda dei film**
   Scegli film che hai visto ____________________ e guardali in lingua originale.
8. **Podcast**
   È comodo: puoi scaricarli ____________________ dal web.
9. **Trova un insegnante privato**
   Trova un madrelingua e imparerai ____________________.
10. **Trova un amico di penna**
    Attraverso un programma di messaggeria istantanea potrai comunicare ____________________ in italiano con lui.

(adattato da *www.iwanttospeak.net*)

7 E tu quanto lo conosci?

Associa i fumetti agli usi del congiuntivo, come nell'esempio.

1. Vogliamo che Luigi ci dia una spiegazione!

2. Temo che ormai sia troppo tardi per fare qualcosa.

3. Mi stupisce il fatto che ci siano così tanti turisti in questo periodo.

4. *Ritengo che ognuno possa esprimere il proprio pensiero come vuole.* → *opinione*

5. Ci aspettiamo che le autorità facciano qualcosa.

6. Dubito che si possa fare qualcosa.

7. Mi auguro con tutto il cuore che tu possa trovare un buon lavoro.

8. Non mi piace affatto che la gente parli al telefonino in treno!

9. Sono felice che Luisa si sia innamorata di te!

10. Vorrei che tu lasciassi un messaggio per me.

- dubbio
- *opinione*
- paura, timore
- attesa
- gradimento/non gradimento
- sorpresa
- richiesta/volontà/comando
- speranza
- desiderio
- sentimento

8) Lascia un commento

Scrivi un commento per il blog "Salviamo il congiuntivo".

Condividi Segnala una violazione Blog successivo»

Salviamo il congiuntivo

Comitato SIC per la difesa e la diffusione del Congiuntivo

I vostri commenti:

____

____

____

____

____

(adattato da *http://salviamoilcongiuntivo.blogspot.com*)

Per ricordare

Osserva le forme verbali e sottolinea l'opzione corretta.

indicativo presente	congiuntivo presente
io **vad**o	io **vad**a
tu vai	tu **vad**a
lui/lei va	lui/lei **vad**a
noi andiamo	noi andiamo
voi andate	voi andiate
loro vanno	loro **vad**ano

Molti verbi irregolari al congiuntivo presente hanno alla prima, seconda e terza persona singolare e alla ***prima/seconda/terza*** persona plurale la stessa radice della ***prima/seconda/terza*** persona ***singolare/plurale*** dell'indicativo presente.

Attenzione: i verbi ***fare***, ***bere***, ***dire***, ***tradurre*** al congiuntivo imperfetto hanno la stessa radice dell'indicativo imperfetto.

indicativo imperfetto	congiuntivo imperfetto
io **fac**evo	io **fac**essi
tu **fac**evi	tu **fac**essi
lui/lei **fac**eva	lui/lei **fac**esse
noi **fac**evamo	noi **fac**essimo
voi **fac**evate	voi **fac**este
loro **fac**evano	loro **fac**essero

Non tutti la pensano allo stesso modo

Completa il brano coniugando al congiuntivo i verbi tra parentesi.

ENCICLOPEDIA | SCUOLA | WEB TV | MAGAZINE | COMMUNITY | ISTITUTO | CATALOGO | Feed Rss

Treccani.it L'ENCICLOPEDIA ITALIANA

Enciclopedia | Vocabolario | Dizionario biografico

Cerca

Una morte "percepita"

Forse sono troppo ottimista, ma non credo che vivrò abbastanza per partecipare ai funerali del congiuntivo.

Anche nel caso in cui *(dovere)* ______________ raggiungere o superare la soglia dei cent'anni – cosa di cui purtroppo dubito – ho ragione di credere che il congiuntivo mi sopravviverà. Credo che catastrofi ben più spaventose ci *(attendere)* ______________ nei prossimi decenni: la liquefazione dei ghiacci eterni, la moria delle api, il dietrofront della Corrente del Golfo. Ma il congiuntivo no. Il congiuntivo non teme il cambio climatico né il mutare degli equilibri politici mondiali. Il congiuntivo guarda al futuro con grande fiducia e ancor maggiori speranze. Non a caso il verbo "sperare" regge proprio il congiuntivo.

E da dove traggo tutte queste speranze e tutta questa fiducia? Dal fatto che il congiuntivo è molto più diffuso oggi di cinquant'anni fa. Pensiamo alla televisione. Oggi viene considerata una specie di serbatoio dei maggiori difetti della nostra lingua. Eppure non risulta che il congiuntivo *(essere)* __________ bandito dal piccolo schermo. Tutt'altro.

Fate un rapido zapping col vostro telecomando e scoprirete che la stragrande maggioranza dei nostri idoli televisivi lo usa abitualmente.

Paradossalmente sembra che *(capitare)* ______________ più spesso al politico di turno sbagliare un congiuntivo, mentre pare che i presentatori non lo *(sbagliare)* ________________ quasi mai.

In conclusione, ritengo che il congiuntivo, nel suo complesso, non *(correre)* ________________ al momento alcun rischio.

Personalmente ho il sospetto che il tam tam incontrollato di notizie sempre più allarmistiche sul suo conto *(produrre)* ___________ una sorta di psicosi collettiva.

È la stessa cosa che succede quando le televisioni fanno a gara a chi racconta i fatti di cronaca nera più atroci e raccapriccianti: per mesi la gente non parla d'altro, si pubblicano inquietanti sondaggi secondo cui la maggior parte degli italiani sarebbero favorevoli al ritorno della pena di morte salvo scoprire, nelle pagine interne dei quotidiani, che il numero dei delitti in realtà diminuisce.

È quello che i sociologi definiscono il problema della sicurezza "percepita" che, come nel caso dell'inflazione percepita e della temperatura percepita, non coincide mai con quella reale.

Ecco, non so se il paragone *(reggere)* ________________ ma quando sento parlare di tramonto del congiuntivo, di gruppi su Facebook che organizzano crociate per difenderlo quando sa difendersi perfettamente da solo, ho l'impressione che *(noi - essere)* ______________ di fronte al classico problema di "congiuntivo percepito".

Stupisce solo che nessun politico *(pensare)* ________________ di farci una legge apposita.

Ma non disperiamo.

(adattato da *www. treccani.it*)

Siamo al verde

a) Quanto spendi?

Numera le spese in basso, scrivi il numero fra parentesi: 1=la più importante; 10=la meno importante. Poi confrontati con un compagno.

(__) AFFITTO

(__) VESTITI

(__) SPORT

(__) TEATRO

(__) CINEMA

(__) CIBO

(__) RISTORANTE

(__) CURE ESTETICHE

(__) VIAGGI

(__) ARREDAMENTO

b) Cosa significa?

*Cosa significa secondo te l'espressione **"siamo finiti al verde"**?*

- ◯ È aumentata la nostra passione per la natura.
- ◯ Siamo rimasti senza soldi.
- ◯ Siamo diventati più aggressivi.

2a Vedevamo rosa e siamo finiti al verde

Leggi il testo.

Vedevamo rosa e siamo finiti al verde

Dopo anni si ferma la corsa al debito.

1 In Italia, negli anni '90, per avere 75 mila euro in prestito dovevi ipotecare anche la moglie, poi nel terzo millennio è arrivata l'età dell'oro. Denaro facile e consumi infiniti.
5 Le famiglie italiane si sono trasformate da formiche in cicale cominciando una vita pagata a rate.
Non solo elettrodomestici, auto e motorini, cioè il classico, ma anche debiti per andare in
10 vacanza o per pagare pranzo e viaggio di nozze. Infine la deriva tecnologica, dall'i-Pod alla Play Station.
Nel 2008, secondo i dati Istat, il 14% delle famiglie italiane ricorreva al credito al
15 consumo, un settore che cresceva del 36% all'anno.
Un fenomeno popolare frutto di fattori comportamentali ed economici. Quelli comportamentali descrivono una società
20 sottomessa al consumismo, come status symbol. Quelli economici fotografano lo squilibrio tra prezzi e redditi: i primi in costante ascesa, i
25 secondi immobili da anni.
Poi, a fine 2008, è arrivata la recessione. La musica è subito cambiata, di fronte alla
30 crescente incertezza le famiglie hanno stretto la cinghia. Tra il 2009 e 2010, il credito al consumo ha registrato per la prima volta nella sua giovane storia, tassi di crescita negativi di circa il 3% all'anno. 35
Hanno resistito solo i prestiti finalizzati (+4,7%), quelli che si fanno direttamente presso il negoziante per acquistare decoder tv, tv digitali e computer, beni divenuti oramai di prima necessità. Se si taglia la vacanza o l'auto, 40 allora si rimane a casa, dove non si vuole rinunciare ai vantaggi della tecnologia: dalla tv al pc.
Per il resto solo ombre. A causa della crisi, della perdita del lavoro o della cassa integrazione, 45 tutte disgrazie che azzerano o riducono il reddito disponibile, sono aumentate soprattutto le insolvenze.
Oramai quasi 4 prestiti su 100 non vengono rimborsati. Si annunciano protesti, 50 pignoramenti e bancarotte personali.
All'inizio del nuovo millennio, in uno slancio di ottimismo, vedevamo tutto rosa e in soli dieci anni siamo finiti al verde.

(da *Intervent*

2b Metti in ordine

*Ricomponi le frasi che riassumono il testo al punto **2a** e poi mettile in ordine, come nell'esempio.*

1	**1.** *In passato era difficile avere*	**a.** il credito al consumo.
	2. In questa nuova situazione resiste solo	**b.** *soldi in prestito.*
	3. Il problema attuale è	**c.** dei consumi e del ricorso al credito.
	4. La recessione ha fatto precipitare	**d.** il credito finalizzato.
	5. Successivamente si è registrato un aumento	**e.** l'incapacità di restituire i prestiti.

2c Dillo con i colori

Completa le espressioni con le parole della lista e abbinale al significato, come nell'esempio.

rosa · azzurro · *verde* · nero · blu · nero · bianca · nera · bianco · rosso

Espressione	Significato
1. essere una pecora ________	**a.** essere di nobili origini
2. passare la notte in ________	**b.** essere ottimista
3. *essere* al *verde*	**c.** essere fuori dalla norma
4. avere sangue ________	**d.** non dormire per niente
5. vedere ________	**e.** essere pessimista
6. principe ________	**f.** uomo ideale
7. mettere ________ su bianco	**g.** essere una persona con cattive qualità
8. essere una mosca ________	**h.** *non avere soldi*
9. vedere tutto ________	**i.** essere molto arrabbiato
10. vedere tutto ________	**l.** mettere tutto per iscritto

3a Gli anagrammi

*Dalle definizioni ricostruisci le parole contenute nel testo del punto **2a**, alla riga indicata aiutandoti con gli anagrammi.*

Riga	Definizione	Anagramma	Significato
8	apparecchi di uso comune che funzionano a elettricità	SRLIOEMTEODTTIEC	_ _ _ _ _ _ _ _ _ _ _ _ _ _ _ _
11	spostamento senza controllo	AVERDI	_ _ _ _ _ _
14	usava, si serviva di	IECARRVOR	_ _ _ _ _ _ _ _ _
20	assoggettata, subordinata	STMSASTOEO	_ _ _ _ _ _ _ _ _ _
24	aumento	SECASA	_ _ _ _ _ _
40	si elimina	TAISALGI	_ _ _ _ _ _ _ _
46	disavventure	RIGAESIDZ	_ _ _ _ _ _ _ _ _

3b Tanti modi per dirlo

*Cerca nel testo al punto **2a**, alle righe indicate fra parentesi, le espressioni e i modi di dire corrispondenti ai significati.*

1. Periodo ricco, in cui tutto va bene. (riga 4)

____

2. Sono passati da un periodo di risparmi a un periodo di consumi. (righe 5-6)

____

3. La situazione è cambiata. (righe 28-29)

____

4. Hanno ridotto le spese. (riga 31)

____

3c Curiosità

*Completa le frasi scegliendo tra le parole o le espressioni al punto **3a** e **3b**.*

1. In Italia rompere uno specchio porta sfortuna: sette anni di _______________.
2. Se fino agli anni '50 in Italia le famiglie erano numerose, adesso _______________: il tasso di natalità è dello 0,9%.
3. Il periodo tra gli anni '60 e gli anni '70 è considerato l'_______________ per la musica pop italiana: si afferma la canzone d'autore e vengono venduti milioni di dischi.
4. L'_______________ in politica di Berlusconi ha dato vita a un fenomeno sociale chiamato Berlusconismo.
5. Roberto Mantovani, un violinista nativo di Parma, già nel 1878 aveva formulato una teoria che anticipava quella della _______________ dei continenti del 1912, secondo la quale i continenti si muoverebbero l'uno rispetto all'altro.
6. Durante la Seconda Guerra Mondiale, la gente _______________ al mercato nero per gli alimenti e le medicine.

4 Tendenze a confronto

Confrontati con un compagno.

Cosa è successo all'economia del tuo paese negli ultimi vent'anni?

È facile avere soldi in prestito dalle banche?

Com'è il rapporto tra i prezzi e il reddito?

Come sono cambiati i consumi dei tuoi connazionali?

Quali sono i settori dell'economia più colpiti dalla crisi?

5 Il cruci-economia

*Completa il cruciverba con le parole contenute nel testo al punto **2a** alla riga indicata tra parentesi.*

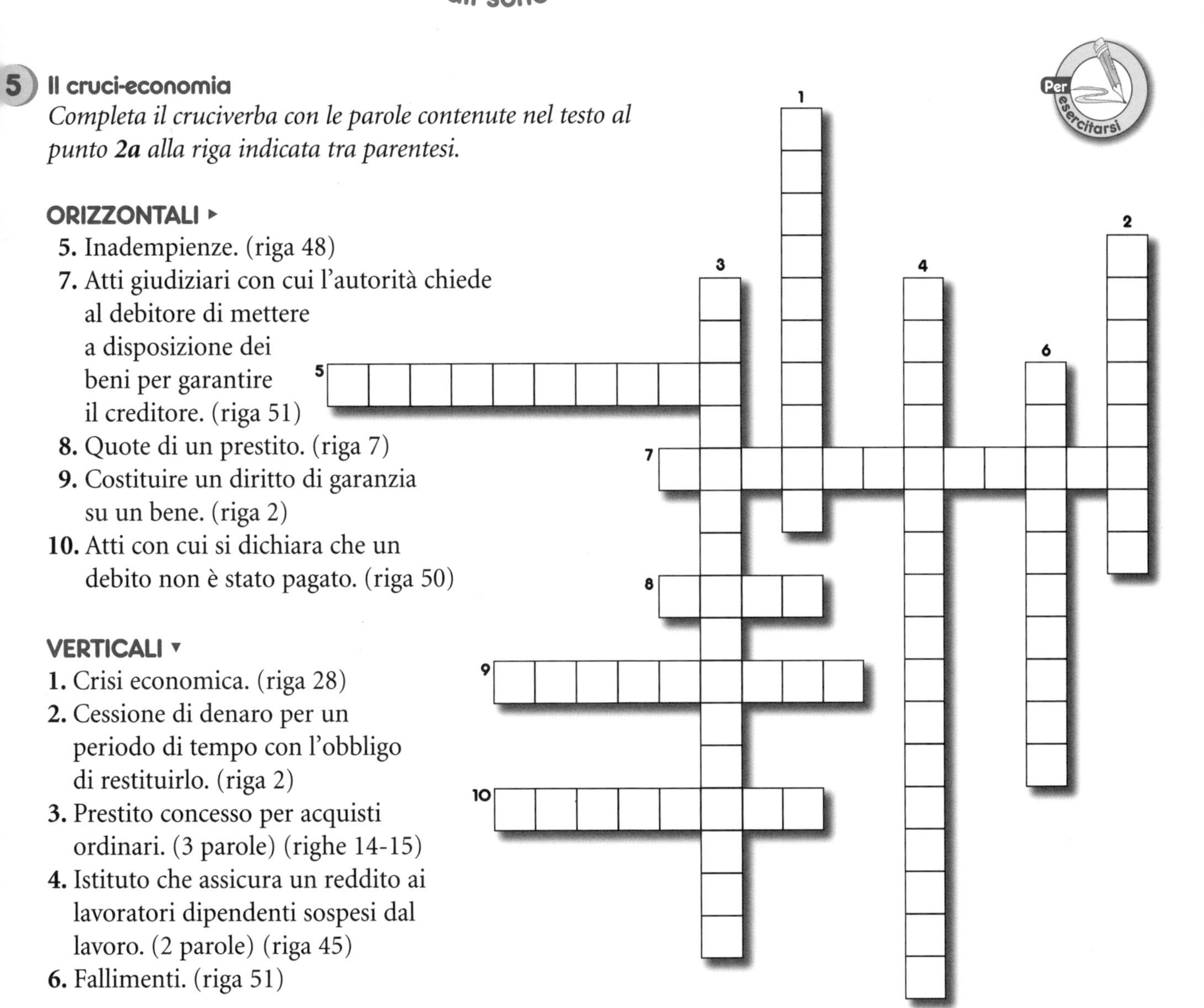

ORIZZONTALI ▸

5. Inadempienze. (riga 48)
7. Atti giudiziari con cui l'autorità chiede al debitore di mettere a disposizione dei beni per garantire il creditore. (riga 51)
8. Quote di un prestito. (riga 7)
9. Costituire un diritto di garanzia su un bene. (riga 2)
10. Atti con cui si dichiara che un debito non è stato pagato. (riga 50)

VERTICALI ▾

1. Crisi economica. (riga 28)
2. Cessione di denaro per un periodo di tempo con l'obbligo di restituirlo. (riga 2)
3. Prestito concesso per acquisti ordinari. (3 parole) (righe 14-15)
4. Istituto che assicura un reddito ai lavoratori dipendenti sospesi dal lavoro. (2 parole) (riga 45)
6. Fallimenti. (riga 51)

Per ricordare

Leggi le frasi e scegli l'opzione corretta.

Abbiamo finito i soldi da spendere in vacanze e divertimenti.

...in soli dieci anni siamo finiti al verde.

Gli italiani hanno cambiato abitudini.

La musica è subito cambiata...

Le banche hanno aumentato i tassi d'interesse.

...sono aumentate soprattutto le insolvenze.

Alcuni verbi (***cominciare, finire, salire, scendere, passare, aumentare, diminuire, vivere***) usano nei tempi composti:

l'ausiliare *essere* ○ quando sono seguiti da un oggetto diretto, ○ quando non hanno oggetto diretto,

l'ausiliare *avere* ○ quando sono seguiti da un oggetto diretto, ○ quando non hanno oggetto diretto,

6 La crisi è servita

Completa il testo con il passato prossimo dei verbi tra parentesi.

Per esercitarsi

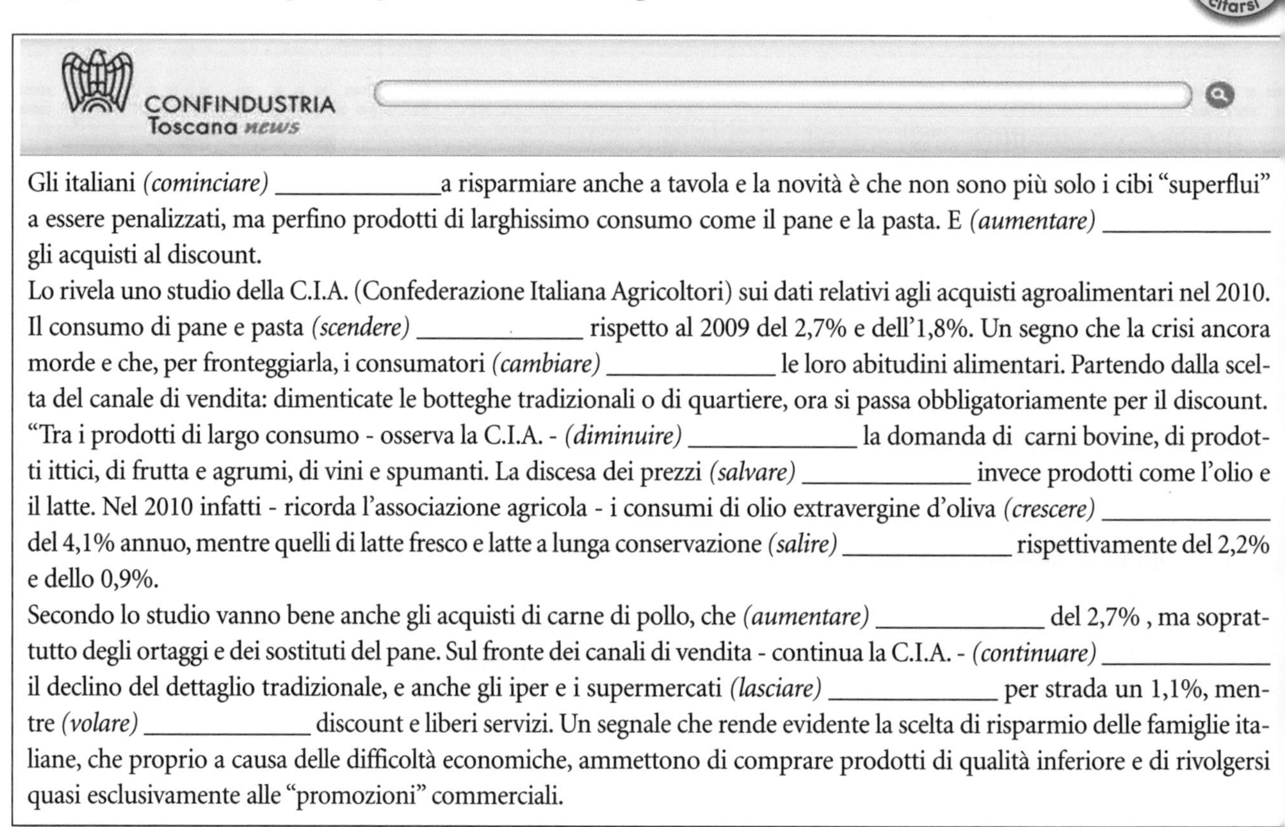

CONFINDUSTRIA
Toscana *news*

Gli italiani *(cominciare)* ____________ a risparmiare anche a tavola e la novità è che non sono più solo i cibi "superflui" a essere penalizzati, ma perfino prodotti di larghissimo consumo come il pane e la pasta. E *(aumentare)* ____________ gli acquisti al discount.

Lo rivela uno studio della C.I.A. (Confederazione Italiana Agricoltori) sui dati relativi agli acquisti agroalimentari nel 2010. Il consumo di pane e pasta *(scendere)* ____________ rispetto al 2009 del 2,7% e dell'1,8%. Un segno che la crisi ancora morde e che, per fronteggiarla, i consumatori *(cambiare)* ____________ le loro abitudini alimentari. Partendo dalla scelta del canale di vendita: dimenticate le botteghe tradizionali o di quartiere, ora si passa obbligatoriamente per il discount. "Tra i prodotti di largo consumo - osserva la C.I.A. - *(diminuire)* ____________ la domanda di carni bovine, di prodotti ittici, di frutta e agrumi, di vini e spumanti. La discesa dei prezzi *(salvare)* ____________ invece prodotti come l'olio e il latte. Nel 2010 infatti - ricorda l'associazione agricola - i consumi di olio extravergine d'oliva *(crescere)* ____________ del 4,1% annuo, mentre quelli di latte fresco e latte a lunga conservazione *(salire)* ____________ rispettivamente del 2,2% e dello 0,9%.

Secondo lo studio vanno bene anche gli acquisti di carne di pollo, che *(aumentare)* ____________ del 2,7% , ma soprattutto degli ortaggi e dei sostituti del pane. Sul fronte dei canali di vendita - continua la C.I.A. - *(continuare)* ____________ il declino del dettaglio tradizionale, e anche gli iper e i supermercati *(lasciare)* ____________ per strada un 1,1%, mentre *(volare)* ____________ discount e liberi servizi. Un segnale che rende evidente la scelta di risparmio delle famiglie italiane, che proprio a causa delle difficoltà economiche, ammettono di comprare prodotti di qualità inferiore e di rivolgersi quasi esclusivamente alle "promozioni" commerciali.

(da *http://news.confindustria.toscana.it*)

Per ricordare

*Leggi la frase estratta dal testo al punto **2a**.*

*Un fenomeno **popolare** frutto di fattori **comportamentali** ed **economici**.*

*Da quali nomi derivano gli aggettivi **evidenziati**? Quale suffisso viene aggiunto? Completa la tabella, come nell'esempio.*

Aggettivo	Nome	Suffisso
popolare	*popolo*	
comportamentale		
economico		*-ico*

7 Cominciamo dalle piccole cose

*Completa il testo trasformando i nomi tra parentesi in aggettivi derivati con **-ale**, **-ile**, **-ico**, **-are**.*

GuadagnoRisparmiando

Homepage | Segnala Cerca

Fare la spesa risparmiando

- Cerca di fare una lista *(punto)* _____________ di quello che ti serve.
- Non andare mai al supermercato a stomaco vuoto, il reparto *(gastronomia)* _____________ può diventare la tua fine.
- Accertati delle offerte *(promozione)* _____________ controllando che il prezzo sia effettivamente più basso e che la data di scadenza non sia troppo vicina.
- Procurati un volantino con tutte le offerte *(settimana)* _____________ e se possibile richiedi una carta fedeltà.
- Acquista delle ricariche *(ecologia)* _____________ per i saponi liquidi o i detersivi.
- Prova prodotti meno famosi, meno pubblicizzati e quindi più *(economia)* _____________.
- Evita le primizie e acquista prodotti *(stagione)* _____________.
- Quando acquisti l'acqua minerale, a meno che tu non abbia particolari esigenze, scegli quella *(natura)* _____________ che costa meno.
- Evita assolutamente gli integratori *(alimento)* _____________.
- Compra i prodotti ortofrutticoli ai mercati *(rione)* _____________.

(da *www.guadagnorisparmiando.com*)

8 L'acquisto a rate

Lavora con un compagno e inizia la conversazione in un negozio di elettrodomestici.

Vuoi comprare un televisore LCD, con schermo piatto, 32 pollici e il sistema *home theatre*, che comprende un lettore Dvd Blu-Ray, due diffusori acustici e un amplificatore, da installare nel tuo salone. Vai in un negozio di elettrodomestici, chiedi i modelli disponibili, le caratteristiche tecniche e le modalità di pagamento.

Sei l'addetto alle vendite del negozio di elettrodomestici. Rispondi alle richieste del cliente e illustra le soluzioni di pagamento offerte:

- pagamento in contanti con sconto immediato del 10%
- pagamento in 10 rate con zero interessi
- prestito finalizzato al 2% di 36 rate

9 Il reclamo

Leggi la fattura relativa all'acquisto e scrivi una lettera di reclamo al servizio clienti del negozio di elettrodomestici per le seguenti ragioni:
- mancano i cavetti per collegare i diffusori;
- hai scelto il pagamento in contanti ma non ti hanno applicato lo sconto del 10%.

fattura N. 18

Roma, 25 maggio 2011

Ordine N. 320 del 15 maggio 2011

ART. N.	DESCRIZIONE	PREZZO
A323	Tv LCD 32"	350,00
Y32	Lettore Dvd Blu-Ray	120,00
B321	Diffusori	60,00
L27	Amplificatore	55,00

TOTALE Euro 485,00

Consegna: 30 gg al domicilio del cliente
Pagamento in contanti alla consegna

Viaggio in Italia 11

a) Da Nord a Sud

Immagina un viaggio dalla Val d'Aosta alla Sicilia e osserva le vignette. Che cosa ti viene in mente? Parlane con un compagno.

b) Un tedesco in Italia

Mark Sporrle, scrittore e giornalista tedesco, durante un viaggio in treno da Berlino a Palermo ha osservato alcune cose riguardo ai temi della lista. Secondo te che cosa ha evidenziato? Parlane con un gruppo di compagni.

- A COLAZIONE
- NEL CAOS QUOTIDIANO
- CON LE DONNE
- A LETTO (SOLI) IN UN ALBERGO ITALIANO
- NEL TRAFFICO

Consigli per un viaggiatore

Leggi l'articolo e verifica le tue ipotesi con un compagno.

Cinque consigli per un viaggiatore in Italia

A colazione

Arriviamo subito al sodo: una delle differenze più evidenti tra Italia e Germania è la consistenza della prima colazione. È vero, ormai gli alberghi di categoria superiore si danno da fare per servire ai loro ospiti una colazione per così dire a buffet, con tanto di affettati, formaggi, marmellate. Magari anche muesli confezionato e frutta in scatola.

La vera colazione italiana, però, la ritrovi in un decoroso alberghetto calabrese a tre stelle: brioche al cioccolato o alla marmellata, corn flakes conservati in un dispenser simile a un distributore di gomme anni sessanta, un paio di vasetti alla frutta non proprio invitanti. Nessun italiano osa sfiorarli. Beppe, il mio compagno di viaggio, studioso delle peculiarità dell'*homo italicus*, afferma: "A colazione noi mangiamo di solito un dolcetto con cappuccino o caffè". E lui lo fa preferibilmente in piedi, il più in fretta possibile. Curioso. È come se gli stessi italiani si vergognassero della loro prima colazione.

Nel traffico

Avventuratevi nel traffico di una grande città italiana solo se non siete inclini alla prepotenza e non avete particolarmente a cuore l'incolumità della vostra vettura. In questi casi, come per miracolo, tutto filerà liscio.

È vero: i guidatori italiani ignorano volentieri i semafori rossi, ma come mi ha spiegato Beppe solo quelli "senza importanza". Laddove un conducente tedesco ragiona seguendo lo schema *rosso = stop!* E *verde = vai!*, l'omologo italiano s'interroga: "Ha senso che accetti la proposta di questo semaforo e mi metta ad aspettare, sebbene tutti vedano che sto avanzando?".

Dunque: mettete in discussione la logica di ogni regola e aspettatevi di tutto dagli altri guidatori – senza tuttavia scordare che questi ultimi la pensano esattamente come voi!

Nel caos quotidiano

Gli italiani devono considerare l'ordinaria quotidianità piuttosto tediosa. Perché mai, altrimenti, trasformerebbero ogni incontro casuale tra conoscenti o ogni telefonata inaspettata sul cellulare in un'entrata in scena da primadonna? Perché all'aeroporto di Palermo i *gates* delle partenze sono nascosti dietro al penultimo angolo, dopo le toilette? Perché nella zona portuale di Villa S. Giovanni, da dove sta per salpare l'ultimo traghetto per la Sicilia, manca qualsiasi indicazione per raggiungere il suddetto traghetto?

Gli italiani vedono tutto ciò come una sfida. "Prima o poi qualcuno ce la farà", pensano. Ma hanno anche un gran cuore: trascinandoti in una corsa di resistenza sanno pilotarti all'imbarco del tuo volo senza problemi. Non siate dunque inutilmente superbi, oh viaggiatori stranieri, ma chiedete, domandate, interrogate. Spiegate la vostra situazione. Soprattutto, invocate aiuto. Gli italiani amano sentirsi indispensabili. O, almeno, utili.

Con le donne

Se c'è uno stereotipo italiano che non può essere smentito riguarda le donne. Mi riferisco a quello stato di euforica emergenza che travolge ogni maschio italiano di fronte a una bella signorina. Ho visto un barista milanese adagiare una spumosa crema di latte a forma di cuore sul cappuccino delle sue clienti; un poliziotto toscano indicare a una turista una strada in contromano pur di attaccare bottone; un giornalista brizzolato che, intervistando una capotreno sulle difficoltà delle Ferrovie italiane ha esordito dicendo: "Scusi, lei è una fotomodella?".

Per le viaggiatrici in Italia la cosa è ormai nota: in questo paese, hanno una marcia in più. Ai viaggiatori maschi in Italia non resta che mandare avanti la propria compagna, se si rendono conto di essere

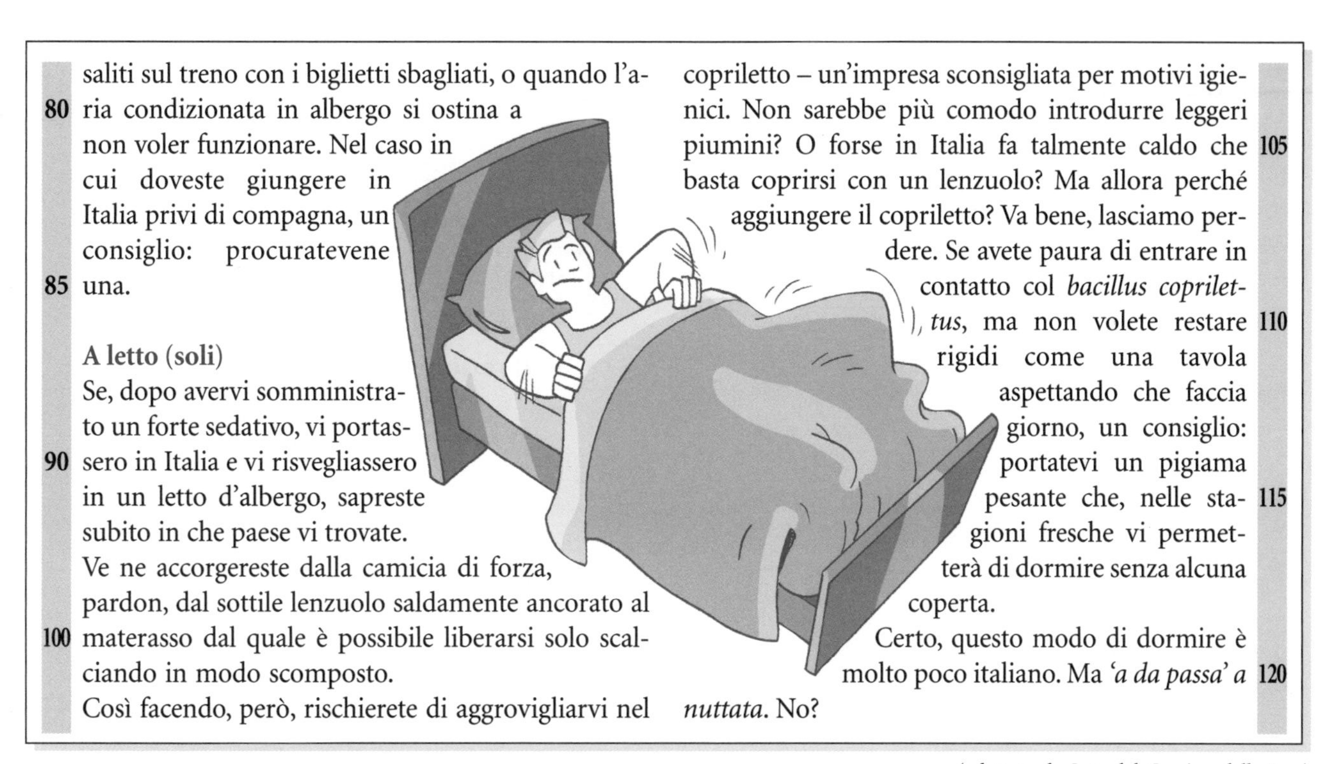

saliti sul treno con i biglietti sbagliati, o quando l'aria condizionata in albergo si ostina a non voler funzionare. Nel caso in cui doveste giungere in Italia privi di compagna, un consiglio: procuratevene una.

A letto (soli)

Se, dopo avervi somministrato un forte sedativo, vi portassero in Italia e vi risvegliassero in un letto d'albergo, sapreste subito in che paese vi trovate.
Ve ne accorgereste dalla camicia di forza, pardon, dal sottile lenzuolo saldamente ancorato al materasso dal quale è possibile liberarsi solo scalciando in modo scomposto.
Così facendo, però, rischierete di aggrovigliarvi nel copriletto – un'impresa sconsigliata per motivi igienici. Non sarebbe più comodo introdurre leggeri piumini? O forse in Italia fa talmente caldo che basta coprirsi con un lenzuolo? Ma allora perché aggiungere il copriletto? Va bene, lasciamo perdere. Se avete paura di entrare in contatto col *bacillus coprilettus*, ma non volete restare rigidi come una tavola aspettando che faccia giorno, un consiglio: portatevi un pigiama pesante che, nelle stagioni fresche vi permetterà di dormire senza alcuna coperta.
Certo, questo modo di dormire è molto poco italiano. Ma *'a da passa' a nuttata*. No?

(adattato da *Sette* del *Corriere della Sera*)

b) Facciamo ordine

Riordina le affermazioni che riassumono il contenuto di ciascun paragrafo del testo al punto ***2a*** *e successivamente indica a quale paragrafo si riferiscono, come nell'esempio.*

1. esageratamente – donne – italiani – sempre – Gli – confronti – sono – belle - disponibili – delle – nei – uomini	*Gli uomini italiani sono sempre esageratamente disponibili nei confronti delle belle donne.*
2. consueto – italiani – ogni – È – stradale – piuttosto – norma – che – sconvolgano – di – gli – educazione	
3. molto – a – essere – difficile – italiano – Mettersi – in – letto – albergo – può – un	
4. orientarsi – non - trovare – degli – difficile – Pur – parte – aiuto – italiani – è – Italia – essendo – da – complicato – in	
5. fare – prendendo – pasta – una - caffè – La – piedi – colazione – peculiarità – italiani – è – degli – un – in – e	

A colazione	Nel traffico	Nel caos quotidiano	Con le donne	A letto (soli)
			1	

2c Che cosa vuol dire?

*Rileggi le parole che trovi nel testo al punto **2a** alla riga indicata e collegale al significato corretto, come nell'esempio.*

Riga	Parola	Significato
10	*decoroso*	integrità
16	peculiarità	persevera
25	incolumità	in direzione inversa
26	vettura	con i capelli grigi
30	conducente	dimenticare
32	omologo	*dignitoso*
38	scordare	noiosa
42	tediosa	corrispondente
49	salpare	intricarsi
70	contromano	in modo forte, sicuro
71	brizzolato	autista
80	si ostina	partire in nave
99	saldamente	particolarità
102	aggrovigliarsi	automobile

3a Espressioni idiomatiche

*Scegli il significato corretto delle seguenti espressioni idiomatiche presenti nel testo al punto **2a** alla riga indicata.*

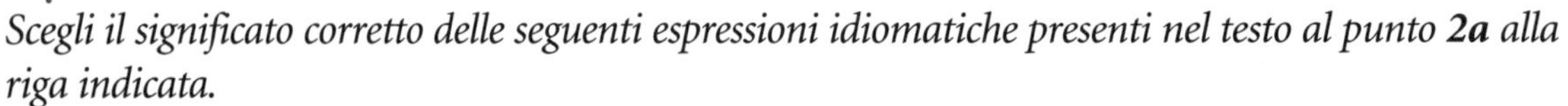

Riga	Espressione	Significato
2	arrivare al sodo	◯ affrontare subito la situazione ◯ affrontare le cose complicate ◯ affrontare l'ignoto
25	avere a cuore	◯ avere fiducia ◯ tenere a qualcosa ◯ essere possessivi
27	filare liscio	◯ andare bene ◯ scivolare via ◯ fuggire via
45	entrare da primadonna	◯ arrivare per primi ◯ fare il protagonista ◯ vestirsi in modo appariscente
53-54	avere un gran cuore	◯ essere coraggioso ◯ essere forte ◯ essere generoso
70-71	attaccare bottone	◯ trattenere qualcuno parlando molto ◯ cominciare a discutere animatamente ◯ cercare di toccare qualcuno
76	avere una marcia in più	◯ viaggiare di più ◯ avere un vantaggio sugli altri ◯ avere più tempo

3b) 'A da passa' a nuttata

"A da passa' a nuttata" *(riga 105), è un celebre modo di dire tratto dalla commedia napoletana* ***Napoli Milionaria*** *entrato oramai nell'uso comune. Indica la necessità di sopportare le difficoltà della vita con la speranza che si risolvano. Per sapere chi è l'autore della frase, risolvi il cruciverba completando i modi di dire con le parole della lista. Il suo nome è Eduardo, nelle caselle evidenziate troverai il suo cognome.*

aria | baffi | bere | fiasco | capo | culo | dado | lupo | nodo

1. *Il* _______ *è tratto* significa: quello che bisognava fare è stato fatto.
2. *Darla a* _______ significa: far credere a qualcuno una cosa falsa.
3. *Ridere sotto i* _______ significa: ridere tra sé, maliziosamente.
4. *Fare* _______ significa: fallire.
5. *Avere* _______ significa: avere molta fortuna.
6. *Vendere* _______ *fritta* significa: dire cose di scarsa importanza.
7. *In bocca al* _______ significa: buona fortuna.
8. *In* _______ *al mondo* significa: in un posto remoto.
9. *Avere un* _______ *in* gola significa: essere commossi.

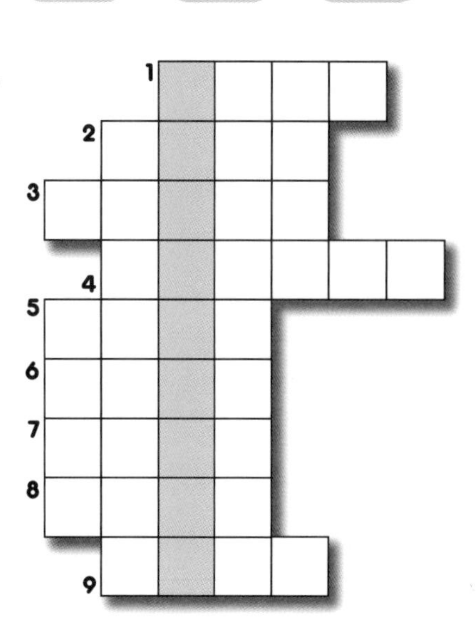

4) Che viaggiatore sei?

Parla con un compagno.

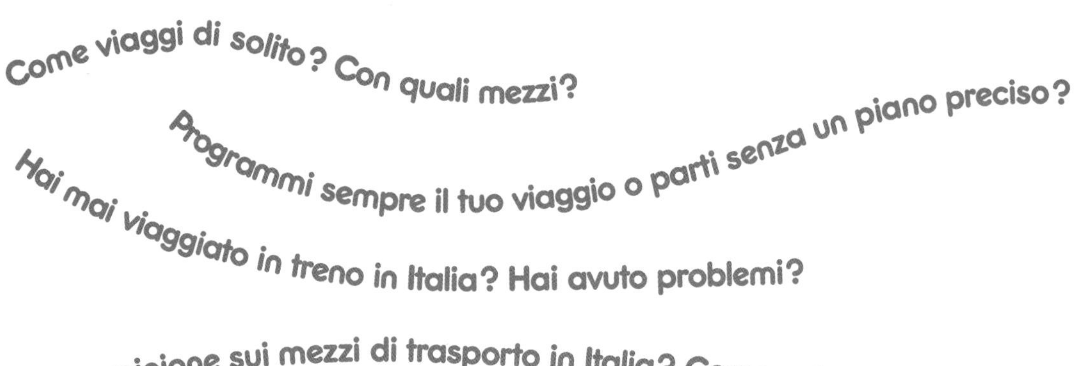

Secondo te i consigli di Mark Sporrle sono utili?

Trovi che la disorganizzazione italiana sia reale o soltanto uno stereotipo?

Racconta un'esperienza di viaggio indimenticabile e una da dimenticare.

5 Qualche consiglio?

*Cerca nel testo al punto **2a** le forme verbali all'imperativo e trascrivile, come nell'esempio.*

avventuratevi,...

Per ricordare

*Trasforma i seguenti verbi nella forma **tu** e **Lei** dell'imperativo, come nell'esempio.*

voi	tu	Lei
avventuratevi	*avventurati*	*si avventuri*
mettete		
aspettatevi		
non siate		
chiedete		
domandate		
interrogate		
spiegate		
invocate		
procuratevene		
portatevi		

Dove sono i pronomi. Scegli l'opzione corretta?

Con le forme *tu* e *voi* i pronomi sono:
○ prima del verbo.
○ dopo il verbo.

Con la forma *Lei* i pronomi sono:
○ prima del verbo.
○ dopo il verbo.

6 Il domino dell'imperativo

Completa il domino riordinando le tessere che trovi a pagina 92. Devi abbinare la situazione (sotto in ogni tessera) con il consiglio appropriato (sopra in ogni tessera), come nell'esempio. Se la ricostruzione è esatta l'ultima situazione dovrà essere coerente con il consiglio contenuto nella tessera iniziale ***Non dimenticatevi di telefonarle!***

Per giocare

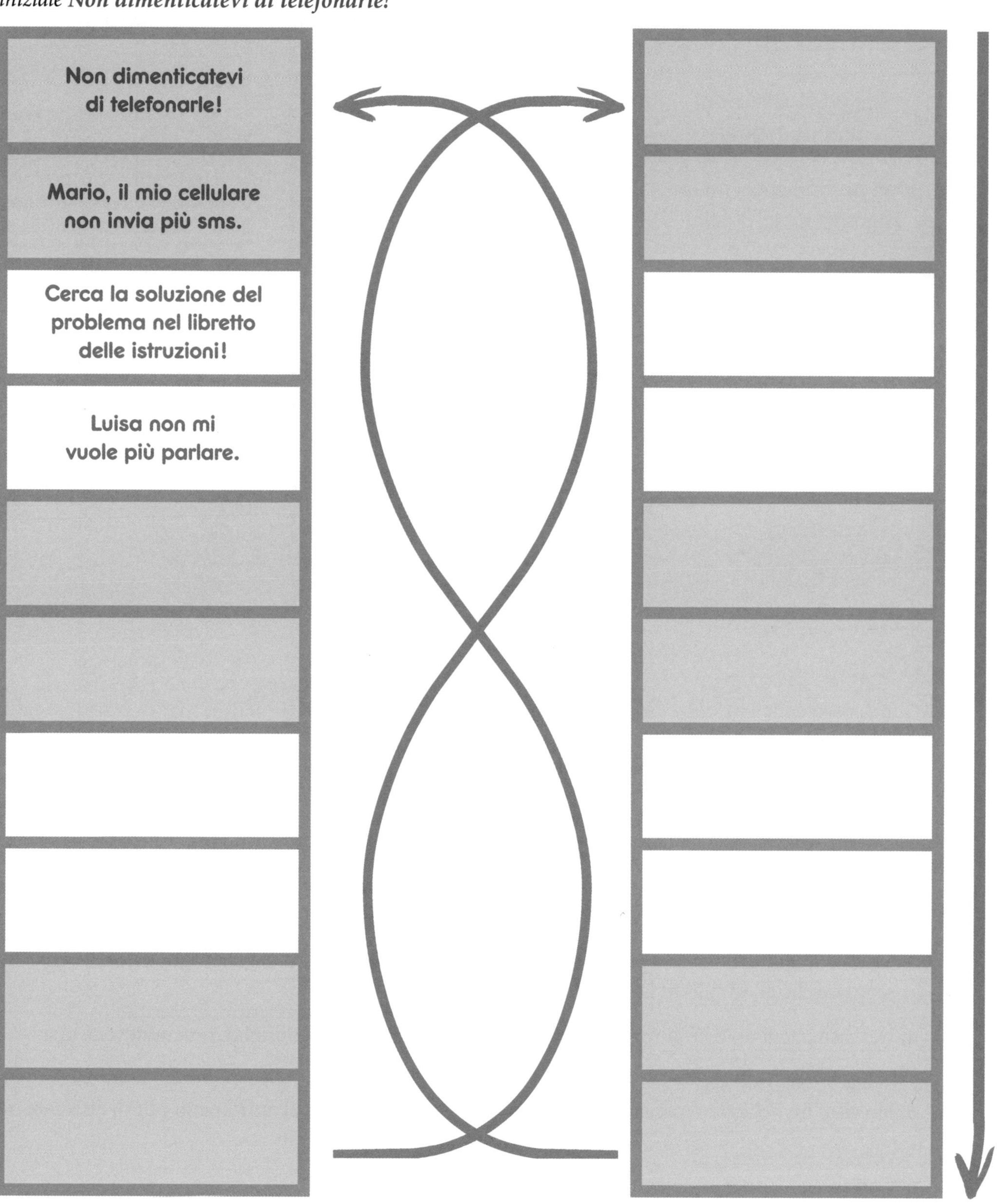

a.

Non dimenticatevi di telefonarle!
Mario, il mio cellulare non invia più sms.

b.

Portali subito dal medico!
Scusi, ho problemi con la lavastoviglie nuova.

c.

Glielo spediamo subito!
Quando devo incontrare Eugenio?

d.

Legga le istruzioni attentamente!
Non ho ricevuto l'ultimo numero della rivista.

e.

Cerca la soluzione del problema nel libretto delle istruzioni!
Luisa non mi vuole più parlare.

f.

Lo cerchi nell'agenda!
Giocando a pallone abbiamo rotto la finestra della signora Rosa

g.

Controlla sull'agenda!
È il compleanno di Monica

h.

Fate più attenzione!
Mi scusi, qual è il numero telefonico del meccanico?

i.

Fregatene!
Non troviamo più il libro di storia.

l.

Diteglielo subito e scusatevi!
Ho avuto i risultati delle analisi.

7a Caccia alle congiunzioni

Leggi le frasi che trovi nel testo al punto ***2a*** *e sottolinea le congiunzioni, come nell'esempio. Poi lavora con il dizionario, trova una traduzione nella tua lingua per ognuna delle sei congiunzioni, e scrivile negli spazi.*

Per esercitarsi

1. È come se gli stessi italiani si vergognassero della loro prima colazione. ______
2. Ha senso che accetti la proposta di questo semaforo e mi metta ad aspettare, sebbene tutti vedano che sto avanzando? ______
3. Mettete in discussione la logica di ogni regola e aspettatevi di tutto dagli altri guidatori – senza tuttavia scordare che questi ultimi la pensano esattamente come voi! ______
4. Nel caso in cui doveste giungere in Italia privi di compagna, un consiglio: procuratevene una. ______
5. Ho visto un poliziotto toscano indicare a una turista una strada in contromano pur di attaccare bottone. ______
6. Così facendo, però, rischierete di aggrovigliarvi nel copriletto. ______

b) Annòiati un po'

Completa il testo con le congiunzioni.

In Corriere.it LOGIN REGISTRATI

CORRIERE DELLA SERA.it — Italians

Home | Opinioni | CorriereTV | Economia | Salute | Ambiente | Scienze | Sport | Motori | Viaggi | Scuola | 27ora | La tua città | Cucina | Giochi | Libri | Annunci | Oroscopo

EDITORIALI E COMMENTI | I BLOG | FORUM | ITALIANS | LETTERE AL CORRIERE

» Corriere della Sera › Italians

Annoiàti e contenti

Se volete un consiglio per un'attività estiva, eccolo: annoiàtevi. Provare ad annoiarsi è più difficile che tentare di divertirsi. Bisogna saper resistere alla fretta, agli amici, alle occasioni e ai cattivi pensieri, uno su tutti: sto sprecando il mio tempo.
Affinché/Invece/Come chi si annoia oggi si prepara a divertirsi domani.
Fare il bagno nel mare una notte è meraviglioso; fare il bagno nel mare tutte le notti è banale (umido e stancante). Aspettare l'alba una volta con gli amici, e bere un cappuccino all'apertura dei bar è memorabile. Fare l'alba tutti i giorni è un inutile stravolgimento dei fusi orari: uno vive sull'orario di Fort Lauderdale **sebbene/anche se/perché** è in vacanza a Forte dei Marmi.
Le abitudini serali dei condannati al divertimento fanno compassione. Stessi aperitivi, stesse frasi ("Ehi raga, e adesso?"), stesse sigarette, stessi posti, stessi orari, stessa aria da comparse pubblicitarie: dai diciotto anni in poi si ha il dovere d'inventarsi almeno il tempo libero, **cioè/invece/visto che** il resto è spesso obbligato.

L'Italia stesa al sole offre molte possibilità. Annoiarsi – **senza/ossia/perciò** esagerare – è una bella soluzione. Un modo sano per ripristinare un circolo virtuoso: mi annoio, mi vien voglia di divertirmi, mi diverto, mi stanco, mi riposo, mi annoio.

La serata perfetta non è un diritto, **però/anzi/ma** il frutto di pazienza, intuizione e combinazione. Non è **neppure/anche/pure** qualcosa che si compra. I soldi, in questa materia sono utili, **piuttosto/e/ma** non garantiscono.
Malgrado/Se/Quando avete dubbi provate a frequentare i luoghi dei ricchissimi: chissà cosa darebbero per divertirsi come a vent'anni, con una vespa e una birra.

Il divertimento continuo e obbligatorio sta provocando disastri. Per compensare l'eccitazione che scende si cercano stimoli sempre maggiori: prima o poi, venuta a noia anche l'orrenda equazione nordeuropea (sono ubriaco = mi diverto), arriva l'amico dell'amico che ha polvere in tasca (e sabbia al posto del cervello) e qualcuno, **salvo/senza/invece** d'insultarlo, aspetta il suo turno.

La medicina, dicevo, è la noia, **cioè/allora/al contrario** un'inerzia calcolata e coltivata, troppo razionale per essere ozio e troppo occasionale per diventare pigrizia.

(adattato da *Corriere della Sera, Italians*)

3) Consigli di viaggio

Un tuo amico italiano ha deciso di fare un viaggio nel tuo paese. Descrivi gli aspetti tipici della tua cultura e dagli dei consigli per evitare che abbia problemi.

12 Vita da cani

1 Il padrone ideale

Scrivi nel fumetto quali caratteristiche dovrebbe avere il padrone ideale secondo il cane. Poi confrontati con un compagno.

a) Un racconto esclusivo
Leggi il testo.

VANITY FAIR.it

NEWS | PEOPLE | STARSTYLE | SHOW | FOOD | BLOG | VIDEO | VANITY ME

E se un cane adottasse voi?

Che caldo schifo. Termoregolazione un corno. Ma che ne sanno gli umani di noi cani? Quando hai la pelliccia che cavolo vuoi termoregolare? Agosto è un mese da miseria. Trattorie chiuse, cassonetti vuoti, barboni che ti prendono a sassate. Eh, la libertà è bella...ma quattro anni a zonzo sono lunghi. Ogni agosto penso di tirare i remi in barca ma non trovo mai l'umano che m'ispiri. Certo, a vederli così ti fanno pena, li adotteresti tutti. Invece bisogna sceglierlo con cura.

Fa un caldo asfissiante in questo parco, anche se sono le sette di sera. La panchina è scomoda, io ho finito i kleenex e non so come soffiarmi il naso. L'unica sarebbe smettere di piangere, ma è impossibile. Ci dovrebbe essere una legge che vieta agli uomini di mollarti il 10 agosto, senza preavviso. Perché poi ti ritrovi su una panchina in un parco deserto, a singhiozzare come una scema mentre pensi a lui che a quest'ora è a Panarea con la ragazza delle fotocopie, quella che era "scialba come una limonata" e che adesso vuole sposare.

Mi stavo avvicinando, ma la ragazza-kleenex si è messa a ululare qualcosa. Un po' squilibrata dev'essere, nessuno ulula di giorno, neanche gli umani. Prendo tempo gironzolando sul posto. Ne approfitto per farmi guardare, faccio sempre la mia porca figura.

Certo che si è ridotto male. Magro, spelacchiato, con un'andatura incerta e zoppicante. Uno sfigato. Uno sfigato come me.

Che fa? Ha ripreso a piangere. Cavolo, è da stamattina che scarto umani psicotici. A istinto la ragazza-kleenex non sembra male, ma va' a capire se questo stato di tristezza è cronico. Non vorrei che si rivelasse un'adozione problematica. Le faccio un sorrisetto...

Che tenero, mi ha guardato e ha agitato la coda. Come si fa a far avvicinare un cane? Non sono pratica, forse dovrei dargli qualcosa. Rovisto nella borsa, ma trovo solo un rossetto, le chiavi e l'inutile biglietto aereo per Panarea...

Avanti, chiamami, ragazza-kleenex. Fammi un fischio, allunga una mano, basta un cenno, va bene anche "pissi-pissi-cagnolino".

Ti prego, non te ne andare, Cane Sfigato, vieni qui? Glielo dico, provo anche a sorridere. "Cane? Ehi cane, vieni qui?"

Oh, ce l'ha fatta. La scannerizzo: scarpe basse, benissimo. Così la posso portare al parco con regolarità. Vestita bene, ottimo, disponibilità economica. Purtroppo, temo, anche pupazzetti cretini, di gomma, a forma di pollo spennato, al sapore di poliestere.

(da *Vanity Fair*)

2b) Chi lo pensa?

Completa la tabella indicando chi pensa ogni frase, come nell'esempio.

	Cane	Ragazza
Anche noi soffriamo il caldo.	X	
Stare soli per tanto tempo non sempre è bello.		
Finalmente ho attirato la sua attenzione.		
Certo che non ha un bell'aspetto!		
Bisognerebbe non pensarci, ma è difficile.		
Non so che tipo di approccio avere.		
È tutto il giorno che ho a che fare con esseri un po' squilibrati.		
Non mi lasciare.		

3a) Tanti modi per dirlo

Per esercitarsi

Risolvi il rebus. Scoprirai un'espressione idiomatica, contenuta nel testo al punto ***2a*** *(riga 7) che significa* ***arrendersi, abbandonare un'attività.***

T_ _ _ _ _ I _ _ _ _ IN _ _ _ _ _

3b) Cosa significa?

Cerca nel testo ***2a****, alle righe indicate, le espressioni corrispondenti ai significati.*

Riga	Espressione	Significato
1		per niente
6		senza una meta
17		lasciarti
21		di colore pallido
27		andando in giro senza meta
31		che ha poco pelo
36		d'impulso
44		cerco

Per ricordare

*Leggi le frasi tratte dal testo al punto **2a**.*

1. *Ma che **ne** sanno gli umani di noi cani?* ***2. Ne*** *approfitto per farmi guardare.* ***3.*** *Ti prego, non te **ne** andare!*	***4.*** *Umani psicotici? **Ne** ho scartati tanti da stamattina.* ***5.*** *Sono stato al parco. **Ne** vengo proprio ora.*

Ne è un pronome che può avere diverse funzioni:

a. Può sostituire una frase introdotta dalla preposizione ***di***.
b. Può sostituire una frase introdotta dalla preposizione ***da***, spesso con significato di luogo.
c. Può essere un pronome fisso in alcuni verbi pronominali.
d. Può sostituire un sostantivo quando ci si riferisce ad una quantità parziale di esso.

*Associa ogni frase alla funzione corrispondente del **ne**, come nell'esempio.*

1/ a - di noi cani.
2/___ - ________________.
3/___ - ________________.
4/___ - ________________.
5/___ - ________________.

Leggi le frasi e scegli l'opzione corretta.

*Che buoni i cioccolatini, **ne** mangerei a quintali!*
*Ho visto i nuovi anelli di Bulgari. **Ne** voglio comprare tre.*
*Ho finito la cartuccia della stampante. Se esci, puoi comprar**ne** una , per favore?*
*La cioccolata fa ingrassare molto: mangiar**ne** troppa fa malissimo!*

Il ***ne*** va	○ prima	○ dopo	di un verbo coniugato.
	○ prima	○ dopo	di un infinito.
	○ prima	○ dopo	di ***potere*** + infinito, ***dovere*** + infinito, ***volere*** + infinito.

Quanta torta hai mangiato?

Ne *ho mangiat**o** un pezzo.*
Ne *ho mangiat**a** una fetta.*
Ne *ho mangiat**i** due pezzi.*
Ne *ho mangiat**e** due fette.*

Quando in una frase c'è ***ne***, il participio passato	○ si accorda con il genere (maschile/femminile) e il numero (plurale/singolare) della quantità espressa. ○ non si accorda con il genere (maschile/femminile) e il numero (plurale/singolare) della quantità espressa.

4 La storia di Asia

Riscrivi il testo sostituendo le parole sottolineate con il pronome ***ne****.*
Attenzione al participio passato!

La storia di Asia.

Mi chiamo Asia e sono una meticcia di un anno. Vivo legata a un albero, da quando i miei padroni sono stati costretti a lasciare la loro casa per cercare un'altra casa . Hanno trovato una casa in città, ma io non sono stata accettata dai proprietari. Loro non amano i cani e non vogliono nemmeno sentire parlare di cani. I miei padroni si rendono conto della situazione, ma non sanno come venire fuori dalla situazione e come aiutarmi.

Il posto dove vivo non è per niente idoneo alle mie necessità, con pochissimo spazio per muovermi e una cuccia rimediata. Cibo e acqua non mi mancano: i miei padroni portano cibo e acqua a sufficienza, ma non hanno tempo di portarmi a spasso e sono costretti a tenermi legata nel piazzale usato come parcheggio con una catena corta per non farmi arrivare alle macchine.

Non posso continuare così. Fra poco arriverà il brutto tempo e io, in queste condizioni, subirò tutte le conseguenze del brutto tempo. Il riparo che ho a disposizione non mi permette di proteggermi bene e poi mi manca correre e giocare, mi manca l'affetto e il calore di un amico sincero.

Una casa vera e tanto amore… Ho tanto bisogno di una casa vera e tanto amore! Aiutatemi a vivere… altrimenti non so cosa ne sarà di me!

Mi chiamo Asia e…

(da *http://cani-abbandonati-it.co*

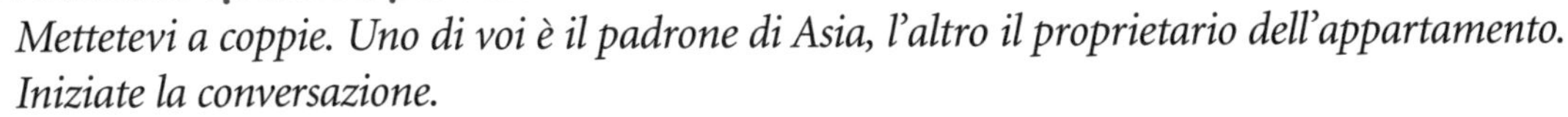

Facciamo qualcosa per Asia

Mettetevi a coppie. Uno di voi è il padrone di Asia, l'altro il proprietario dell'appartamento. Iniziate la conversazione.

Sei la padrona di Asia, il cane costretto a vivere legato nel piazzale.
Hai sopportato la situazione, ma ora non ce la fai più. Ogni volta che vedi Asia in quelle condizioni ti si stringe il cuore.
Parla con il proprietario del tuo appartamento e cerca di convincerlo ad accettare Asia. Spiega che tipo di cane è, quanto è buono e quanto poco fastidio dà nel condominio.
Digli che sei disposto anche a pagare qualcosa in più per l'affitto e che farai di tutto per evitare problemi a causa del cane.

Hai affittato il tuo appartamento alla padrona di Asia, ma sei stato molto chiaro: niente cani in casa!
Adesso la padrona di Asia è venuta a parlarti per convincerti ad accettare Asia.
Spiega che il tuo atteggiamento non è dovuto alla mancanza di amore per gli animali, ma a un precedente problema causato da un'altra famiglia con un cane: i condòmini si lamentavano per il cattivo odore, e spesso, quando il cane sporcava, il padrone non puliva. Racconta di questa esperienza e spiega le tue ragioni. Cercate di trovare un accordo.

Per ricordare

*Leggi le frasi tratte dal punto **2a** scegli l'opzione corretta.*

*Trattorie chiuse, cassonetti vuoti, barboni **che ti prendono** a sassate.*

*Non trovo mai l'umano **che m'ispiri**.*

Dopo il pronome relativo *che* si usa	l'indicativo se	○ la frase esprime un fatto reale, certo. ○ la frase esprime un requisito, una caratteristica necessaria.
	il congiuntivo se	○ la frase esprime un fatto reale, certo. ○ la frase esprime un requisito, una caratteristica necessaria.

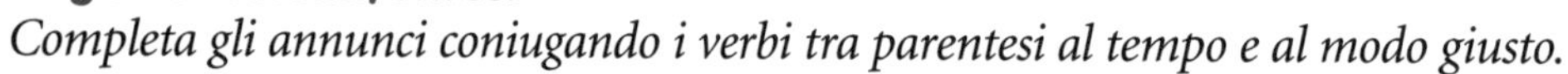

6 Dog-sitter cercasi/offresi

Completa gli annunci coniugando i verbi tra parentesi al tempo e al modo giusto.

1. Cercasi dog-sitter, ragazzo che *(avere)* ____________ esperienza con cani di taglia grande. Incrocio maremmano in situazione particolare. Per maggiori informazioni contattare tramite e-mail.

2. In zona metro cercasi dog-sitter che *(essere)* ____________ disponibile per il sabato e la domenica.
No persone che *(abitare)* ____________ fuori Milano o non vicine alla metropolitana.

3. Cerco urgentemente un dog-sitter a Messina che *(potere)* ____________ mettere a disposizione il proprio spazio per un cane dolcissimo che *(subire)* ____________ due interventi chirurgici delicatissimi. NON DEVE ASSOLUTAMENTE MUOVERSI, agitarsi o peggio ancora rimuovere la fasciatura.
Offro 30 euro a settimana.

4. Buongiorno, sono una ragazza di 24 anni e sono la padrona di una cagnolina nera di razza Manchester Terrier, molto dolce, che *(andare)* ____________ d'accordo con tutti, umani e cani di qualsiasi taglia. Faccio la dog-sitter da anni sia al mio domicilio sia per portarli al parco o a passeggio.
Per cani di ogni taglia , cuccioli compresi.

5. Ciao, mi chiamo Barbara, abito a Bologna e ho un Labrador di 3 anni. Sto cercando una dog-sitter che *(amare)* ____________ molto gli animali, perché per motivi di lavoro mi capita spesso di dovermi assentare per intere giornate. Cerco qualcuno che *(passare)* ____________ con lui qualche ora al giorno nella mia casa e che *(essere)* ____________ disponibile eventualmente a stare con lui in caso dovessi partire (abbastanza raro).

(da *www.caneamico.it*)

Animali in casa

Parla con un compagno.

Hai mai avuto un cane o un gatto? Di che razza?

Il cane del racconto cerca un padrone. Conosci il problema dell'abbandono dei cani in estate, prima delle vacanze? Esiste anche nel tuo paese?

Cosa pensi di quelle persone che tengono a casa animali esotici, come serpenti, iguane, tigri?

Secondo te è giusto tenere animali domestici o esotici in piccoli appartamenti?

Conosci qualcuno che ha un animale esotico?

Il racconto a catena

Per scrivere

Lavora con tre compagni. Dovete continuare a scrivere il racconto al punto **2a***: uno studente scrive la parte successiva (relativa alla ragazza) e poi passa il foglio al compagno seduto a sinistra, che scriverà la parte relativa al cane. Proseguite fino a quando tutti i componenti del gruppo avranno scritto la propria parte. L'insegnante sceglierà il finale più originale.*

Oh, ce l'ha fatta. La scannerizzo: scarpe basse, benissimo. Così la posso portare al parco con regolarità. Vestita bene, ottimo, disponibilità economica. Purtroppo, temo, anche pupazzetti cretini, di gomma, a forma di pollo spennato, al sapore di poliestere.

13 I labirinti del consumo

1a Andiamo in piazza?
Associa le foto delle più celebri piazze italiane al loro nome, inserendo il numero accanto alla foto.

Per cominciare

1. Piazza di Spagna (Roma)
2. Piazza della Signoria (Firenze)
3. Piazza Pretoria (Palermo)
4. Piazza del Plebiscito (Napoli)
5. Piazza del Campo (Siena)
6. Piazza San Marco (Venezia)

a. ☐

b. ☐

c. ☐

d. ☐

e. ☐

f. ☐

b) La piazza italiana

*Com'è una tipica piazza italiana? Cosa non può mancare? Osserva le foto dell'attività al punto **1a** e poi fai uno schizzo di una piazza tipica italiana. Confronta il tuo disegno con quello di un compagno.*

c) Dagli spazi pubblici...

*Leggi la prima frase dell'articolo che leggerai al punto **2a** e rispondi alla domanda.*

In buona parte delle città del mondo, in quelle che si considerano città di paesi progrediti, è in atto una guerra all'ultimo centimetro tra due idee opposte di spazio pubblico.

Secondo te quali sono queste due idee opposte di spazio pubblico?
Confrontati con un compagno.

2a Dagli spazi pubblici ai labirinti del consumo

Leggi il testo e verifica le tue ipotesi.

Dagli spazi pubblici ai labirinti del consumo

In buona parte delle città del mondo, in quelle che consideriamo città di paesi progrediti, è in atto una guerra all'ultimo centimetro tra due idee opposte di spazio pubblico. Da un lato tende a prevalere la scelta di concepire come pubblico tutto ciò che sta nel dominio dello *shopping*, per cui i cittadini sono considerati utenti e clienti e i loro movimenti nelle città devono essere diretti, incanalati e sorvegliati. Se qualcuno deve prendere un treno, allora bisogna che passi per una lunga serie di corridoi e rampe fitte di vetrine.

La soluzione applicata alla stazione centrale di Milano di sostituire rampe alle scale mobili è una imitazione del pensiero degli *shopping mall*, dove è importante (ed è frutto di un design preciso) che l'utente non trovi subito la rampa per continuare a salire e soprattutto la rampa di uscita.

L'altra concezione è quella che nonostante tutto resiste, l'idea che lo spazio pubblico è quello costituito dalla gente per andare a zonzo, per passeggiare, per il dolce far niente per cui l'Italia è amata nel mondo. Il fine dello spazio pubblico è di essere indefinito, ma ricreato di volta in volta dalla creatività e dalla noia delle persone che lo usano per fermarsi, parlare, sonnecchiare, ammazzare il tempo, osservare ed essere osservati. Un sito bolognese riporta la quantità di *umarell* rimasti, quei passanti curiosi, per lo più pensionati, che passano il tempo a osservare i lavori stradali, un incidente, o semplicemente la folla. La loro scomparsa, come le trote in un fiume, segna un livello di inquinamento pericoloso. La perdita del senso dello spazio come qualcosa di magnificamente a disposizione di chiunque. D'altro canto la piazza, che è un'invenzione italiana, è qualcosa di straordinario perché può contenere qualunque funzione o nessuna. In un recente studio si afferma che quando piazze e marciapiedi vengono progettati bisogna farlo in maniera attenta, perché queste sono le roccaforti della democrazia, i luoghi in cui la gente può ancora manifestare il proprio dissenso.

2b Qual è quella giusta?

*Completa le affermazioni contenute nel testo al punto **2a**.*

1. In molte città moderne
- ○ a. tutti i movimenti delle persone sono video-sorvegliati.
- ○ b. la gente è indirizzata a muoversi secondo un percorso prestabilito.
- ○ c. lo spazio pubblico non è gratis.

2. La stazione di Milano
- ○ a. è concepita in un modo piuttosto disordinato.
- ○ b. conserva le scale mobili.
- ○ c. impone un percorso attraverso i negozi.

3. In altre città lo spazio pubblico
- ○ a. non permette di fare niente di interessante.
- ○ b. è perfettamente organizzato per fare sport.
- ○ c. non è un luogo progettato per vendere.

4. Gli *umarell* bolognesi
- ○ a. sono persone interessate a quello che succed[e] intorno a loro.
- ○ b. sono definitivamente scomparsi.
- ○ c. sono piuttosto invadenti.

3 L'intruso

Per ogni parola o espressione, contenuta nel testo al punto **2a** *alla riga indicata, vengono dati due sinonimi e un intruso. Elimina l'intruso, come nell'esempio.*

Riga	Parola/Espressione	Sinonimi/Intruso		
2	progrediti	avanzati	~~*progressisti*~~	evoluti
2	in atto	in corso	in svolgimento	in scena
5	dominio	favore	potere	supremazia
8	incanalati	invitati	guidati	accompagnati
10	fitte	piene	affiancate	dense
20	fine	sottile	obiettivo	scopo
24	ammazzare il tempo	andare di fretta	occupare il tempo	far passare il tempo
28	folla	calca	coda	ressa
31	d'altro canto	d'altronde	del resto	dunque
36	roccaforti	fortezze	castelli	trincee
38	dissenso	disaccordo	sfiducia	obiezione

4 E nel tuo paese?

Parla con un compagno.

Qual è l'idea prevalente di spazio pubblico nella tua città?

Quale delle due idee di cui parla l'articolo è più interessante per te?

Quali sono i luoghi di incontro per i giovani nel tuo paese?

E per gli anziani esistono strutture adatte?

Ti piacciono i grandi centri commerciali? Perché?

5 Cruciverba: lo spazio pubblico

Inserisci nel cruciverba le parole corrispondenti del disegno.

Per ricordare

*Completa le frasi tratte dal testo al punto **2a**.*

Un sito bolognese riporta la quantità di umarell rimasti, quei passanti curiosi, per lo più pensionati, ________ passano il tempo a osservare i lavori stradali, un incidente, o semplicemente la folla.

In buona parte delle città del mondo, in quelle ________ consideriamo città di paesi progrediti, è in atto una guerra all'ultimo centimetro tra due idee opposte di spazio pubblico.

L'altra concezione è quella che nonostante tutto resiste, l'idea che lo spazio pubblico è quello costituito dalla gente per andare a zonzo, per passeggiare, per il dolce far niente ________ l'Italia è amata nel mondo.

In un recente studio si afferma che quando piazze e marciapiedi vengono progettati bisogna farlo in maniera attenta, perché queste sono le roccaforti della democrazia, i luoghi ________ la gente può ancora manifestare il proprio dissenso.

I pronomi relativi ***che*** e ***cui*** si usano per unire frasi che hanno un elemento in comune.

Leggi le frasi e scegli l'opzione corretta.

*Alberto insegna al liceo. Alberto vive a Roma. ➔ Alberto, **che** vive a Roma, insegna al liceo.*

Il pronome *che* sostituisce	○ un oggetto diretto. ○ un soggetto.

*Marina viene da Roma. Ho incontrato ieri Marina. ➔ Marina, **che** ho incontrato ieri, viene da Roma.*

Il pronome *che* sostituisce	○ un oggetto diretto. ○ un soggetto.

*Juliet è inglese. Marco esce con Juliet. ➔ Juliet, **con cui** Marco esce, è inglese.*

Il pronome *cui* sostituisce	○ un oggetto diretto. ○ un oggetto indiretto. ○ un soggetto.
Il pronome *cui* è preceduto	○ dalla preposizione con l'articolo. ○ dalla preposizione senza articolo.

6 Che piazza è?

Completa il testo con i pronomi relativi e le eventuali preposizioni.
*Poi indovina di quale piazza si parla, tra quelle dell'attività al punto **1a**.*

ITALYGuides.it
A SIGHTSEEING REVOLUTION

ItalyGuides | Audioguide | iPhone App | Filmati HD | Ticket | Libro ospiti

La storia della città è passata da questa piazza, __________ gli abitanti considerano il loro salotto. Qui si organizzavano spettacolari e terribili *"giochi"*, __________ in seguito furono sostituiti dal Palio. La piazza, __________ ha visto passare personaggi memorabili della storia, __________ Santa Caterina, Simone Martini e Jacopo della Quercia, prende forma sul finire del Duecento, su uno spazio da tempo utilizzato per fiere e mercati e situato al crocevia di strade importanti. Quando fu costruita riusciva a contenere l'intera popolazione della città, __________ qui si riuniva per assistere a spettacoli, tornei, corse di bufali e di tori. Ha ospitato inoltre quasi tutti i più importanti eventi della storia cittadina, dai tempi della Repubblica fino al periodo mediceo, epoca __________ la città venne sottomessa a Firenze. È un luogo unico al mondo, a partire dalla particolarissima conformazione del terreno, __________ ne fa una grande conchiglia concava. La pavimentazione è in mattoni rossi disposti a spina di pesce, divisa a raggiera da nove strisce di travertino, __________ spicca il candido marmo della celebre Fonte Gaia, capolavoro del 1419 di Jacopo della Quercia, in seguito sostituita da una copia. Il Palazzo Comunale è insolitamente costruito nella parte più bassa della piazza, con la Torre del Mangia __________ si erge nel cielo, sottile e altissima (raggiunge 102 metri). Intorno, le eleganti facciate dei palazzi signorili __________ appartengono alle famiglie più facoltose: Sansedoni, Piccolomini, Saracini, __________ la città deve molto del suo prestigio.
Oggi questa piazza ospita una delle più sentite feste popolari, il Palio, __________ dipende molta della popolarità della città in tutto il mondo.
Il 2 luglio e il 16 agosto, giorni __________ si rievoca il passato glorioso della città, rappresentano una ricorrenza essenziale nella vita della comunità cittadina, __________ anima la città con le sue 17 contrade e riempie di folla la piazza, i palchi e le finestre, in un'esplosione di autentica passione.

(da *www.italyguides.i*

7) Il consiglio comunale

Per esercitarsi

Formate dei gruppi di quattro studenti. All'interno di ogni gruppo dividetevi i ruoli indicati nelle schede. Gli studenti che hanno scelto lo stesso ruolo si confrontano per elencare i punti deboli e i punti forti della loro posizione. Riformate i gruppi e cominciate la conversazione.
Usate, durante la discussione, le espressioni della lista.

Sarebbe opportuno (che)...

È necessario (che)...

Sarebbe utile (che)...

Sarebbe meglio (che)...

È importante (che)...

Bisogna (che)...

1.
Sei il sindaco della città e presiedi il consiglio comunale.
L'argomento della discussione è l'utilizzo di uno spazio pubblico in periferia. Coordina gli interventi dei presenti e esprimi il tuo parere sulle varie proposte.

2.
Sei l'assessore all'urbanistica e sei convinto che lo spazio sia da destinare a un parco pubblico per anziani e bambini, visto che in periferia c'è poco verde. Esponi le tue ragioni e cerca di convincere i presenti della validità della tua proposta.

3.
Sei l'assessore ai lavori pubblici e credi che nello spazio in oggetto si debba costruire un centro commerciale, per valorizzare dal punto di vista economico la periferia. Esponi le tue ragioni e cerca di convincere i presenti della validità della tua proposta.

4.
Sei un rappresentante dell'opposizione e sei convinto che entrambe le proposte degli assessori non sono valide. Secondo te sarebbe meglio utilizzare lo spazio in questione per costruirci una scuola elementare.
Discutine con i presenti.

8) Lettera di protesta

Per scrivere

Abiti nella periferia della città dell'attività al punto **7**. *Il consiglio comunale ha deciso di costruire un centro commerciale. Tu non sei d'accordo. Scrivi una lettera di protesta al sindaco, usando il formale, per esporre le tue ragioni.*

9) Su e giù per la città

Giocate in gruppi di due o tre tirando il dado e svolgendo le attività richieste.

PARTENZA

1 → FAI UNA FRASE CON **"A CUI"**.

2 → ELENCA TRE CITTÀ ITALIANE CHE COMINCIANO CON LA LETTERA **A**.

3 ↓ COMPLETA: **"PER COMBATTERE L'INQUINAMENTO È NECESSARIO..."**.

4 ↓ VAI ALLA CASELLA **7**.

5 ↓ CHE COS'E'?

6 ↓ COME SI CHIAMA LA PIAZZA DI ROMA DOVE C'È LA FONTANA DEI QUATTRO FIUMI?

7 ↓ STOP STAI FERMO UN GIRO!

8 ↓ CONGIUNTIVO PRESENTE DEL VERBO **DARE**.

9 ↓ RISOLVI L'ANAGRAMMA: **A L M L A E R C E I**
IN QUESTO NEGOZIO PUOI COMPRARE VITELLO, TACCHINO...

10 ↓ LA TORRE DEGLI ASINELLI È A __________.

11 ↓ FAI UNA FRASE CON **"DI CUI"**.

← 12 CHE COS' E'?

← 13 VAI ALLA CASELLA **18**.

← 14 QUAL È LA CITTÀ DELLA **FIAT?**

← 15 FAI UNA FRASE CON **"IN CUI"**.

16 ↑ CHE COSA SIGNIFICA QUESTO SEGNALE?

17 ↑ CONGIUNTIVO IMPERFETTO DEL VERBO **BERE**.

18 ↑ FAI UNA FRASE CON **"CHE"** OGGETTO DIRETTO.

19 ↑ CHE COSA SIGNIFICA QUESTO SEGNALE?

20 ↑ CHE COS'E'?

21 ↑ ELENCA TRE CITTÀ ITALIANE CHE COMINCIANO CON LA LETTERA **M**.

22 ↑ RITORNA ALLA CASELLA **6**.

23 ↑ COMPLETA: **"PER AVERE PIÙ VERDE IN CITTÀ È BENE CHE ..."**.

24 → FAI UNA FRASE CON **"PER CUI"**.

25 → COME SI CHIAMANO LE CATENE MONTUOSE ITALIANE?

26 → VAI ALLA CASELLA **38**.

27 ↓ RISOLVI L'ANAGRAMMA: **H R E E P I C S A**
IN QUESTO NEGOZIO PUOI COMPRARE GAMBERETTI, SALMONE...

28 ↓ STOP STAI FERMO UN GIRO!

29 ↓ COMPLETA: **"PER LIMITARE IL RUMORE SAREBBE OPPORTUNO CHE TUTTI..."**.

30 ↓ CHE COS'È?

31 ↓ FAI UNA FRASE CON **"CHE"** SOGGETTO.

32 ↓ COME SI CHIAMA LA FONTANA DEL FILM **"LA DOLCE VITA"**?

33 ↓ CONGIUNTIVO IMPERFETTO DEL VERBO **STARE**.

← 34 COME SI CHIAMA LA CITTÀ CON I NAVIGLI?

← 35 CONGIUNTIVO PRESENTE DEL VERBO **FARE**.

↑ 36 RITORNA ALLA CASELLA **33**.

↑ 37 CHE COS'E'?

↑ 38 COME SI CHIAMA IL FIUME CHE PASSA PER FIRENZE?

↑ 39 RISOLVI L'ANAGRAMMA: **A L R I G L O E I E**
IN QUESTO NEGOZIO PUOI COMPRARE ANELLI, BRACCIALI...

↑ 40 CHE COSA SIGNIFICA QUESTO SEGNALE?

↑ 41 COMPLETA: **"PER RIDURRE IL TRAFFICO BISOGNA CHE..."**.

42 → STOP STAI FERMO UN GIRO!

43 ↓ FAI UNA FRASE CON **"CON CUI"**.

ARRIVO

Torquato abbandonato 14

Che cosa faresti?

Immagina di trovarti in questa situazione. Che cosa faresti? Parlane con un compagno.

IN CITTA':
38 GRADI REALI,
42 GRADI
PERCEPITI,
44 GRADI
INCAZZATI

IN FRIGO:
UNA CROSTA DI
PARMIGIANO,
DUE BOTTIGLIE
D'ACQUA

HAI 83
ANNI

Povero Torquato!

Adesso osserva le seguenti vignette, cerca di metterle in ordine e prova a capire che cosa ha fatto Torquato.

2a Torquato abbandonato

Adesso leggi la storia di Torquato e verifica le tue ipotesi.

Torquato abbandonato

1 Il povero pensionato Torquato di anni 83, si svegliò un mattina e si accorse di essere stato abbandonato. Il figlio, la nuora e il nipote non erano in casa. Le valigie erano sparite dall'armadio. Una pinna davanti alla 5 porta testimoniava di una partenza frettolosa. Sul tavolo della cucina una banconota da 10 euro e un biglietto: "Caro nonno Torquato. Dobbiamo partire all'improvviso. Eravamo in *stand-by* con un ticket *low cost* della Brian Air per *Sharm el Sheriff* e ci hanno fatto un *fast boarding* 10 con preavviso di tre *hours*. Purtroppo con questi biglietti presi al computer si fa così. L'aereo farà scalo a Francoforte, poi Orio su Serio, nuovamente a Francoforte, poi Mosca poi Parigi e di nuovo Francoforte, poi Forlì e dopodomani saremo nel fresco di Sharm. Ti 15 lasciamo dei soldi e due bottiglie di acqua nel frigo. Se hai caldo c'è il ventilatore, se hai fame c'è il supermarket, se stai male chiama il dottor Del Parto. Torniamo tra quindici giorni. Buona fortuna. Aldo, Piera e Ninni".

Nonno Torquato imprecò subito senza stand by sveglian-20 do metà palazzo. Abbandonato come un randagio, pensò. Eppure avrebbe dovuto capirlo da segni premonitori. La famiglia stava da giorni in atteggiamento sospetto davanti al computer pronunciando parole come *ticket* e *reservation*. Poi l'anomala presenza nel frigo di un tubetto di 25 crema solare, che lui aveva spalmato sul pane credendola maionese, per ultimo, il fatto che il figlio Aldo avesse preparato un pacco lettura: un libro sulle meduse e dieci chili di *Gazzette dello Sport* vecchie. Tutti segni di partenza imminente.

30 "Pazienza" pensò nonno Torquato, "mi hanno abbandonato, dovrò sopravvivere due settimane". Era una tipica giornata di clima mediterraneo. C'erano trentotto gradi reali, quarantadue percepiti e quarantaquattro incazzati, e il nonno era infatti incazzato e grondava sudore. Cercò il 35 ventilatore nello sgabuzzino. Tolse le ragnatele, lo attaccò alla spina e quello girò per trenta secondi, cigolò e si ruppe con un gemito di agonia.

Aprì la finestra. Una vampata portò in casa odore di spazzatura incandescente e marmitte miste, oltre a sabbia 40 desertica, zanzare tigre, e il suono di ambulanze che portavano in ospedale nonni collassati.

[...] Bisognava comunque mangiare, lo stomaco brontolava. Nel frigo c'era solo una crosta di parmigiano. Cercò di 45 romperla col coltello poi con un punteruolo poi la succhiò come un gelato, infine s'incazzò e la tirò in strada, dove si conficcò nell'asfalto.

Bisognava raggiungere il supermarket. Erano solo due-50 cento metri, ma sarebbe riuscito nell'impresa? Si vestì in modo acconcio. La sua canottiera, poi un paio di mutande del figlio che potevano essere scambiate per bermuda. Zoccoli con tacco della nuora. In testa si acconciò un turbante fatto con un lenzuolo. Bagnò testa e ascelle sotto il 55 rubinetto e uscì. [...]

Il nonno si guardò intorno. La città era deserta, solo qualche macchina in strada e odore di muri arrostiti. Arrivò davanti alla porta del supermarket Paradiso. Nel supermercato c'erano circa seimila anziani, tutti alla ricerca del 60 fresco. Alcuni giravano da ore con un carrello contenente solo un limone, altri chiacchieravano appoggiati a muri di scatolame, altri dormivano o giocavano a carte dentro al freezer dei surgelati e il personale li sgomberava, ma ritornavano. C'era chi aveva la sedia sdraio e chi 65 s'era portato il cane. Il nonno imprecò contro i vecchi pensionati scioperati profittatori e si diresse ai reparti alimentari. Acquistò una dose di petti di pollo e una mozzarella di un bellissimo color indaco. [...] Uscì. La temperatura era salita a quarantasei gradi, i piccioni si spiu-70 mavano a beccate. Il nonno sapeva che dietro l'angolo c'era una fontana per rinfrescarsi... ma la fontana era secca, riuscì solo a riempire una mezza bottiglietta. Tornò barcollando a casa. Non riuscì a cucinare, il fuoco scaldava troppo. Mise il pollo sul davanzale e dopo dieci minu-75 ti era cotto, ma sapeva di catrame e benzina. Il pomodoro si sciolse in una pozza di sugo. La mozzarella mise fuori i tentacoli e scappò sotto un mobile.

"Farò una doccia fresca" disse il nonno. L'acqua uscì a ottanta gradi dalle tubature scaldate dal sole e lo ustionò 80 [...]

(adattato da *Il Venerdì di Repubblic*

2b Caccia all'intruso

Per ogni parola o espressione, contenuta nel testo al punto **2a** *alla riga indicata, vengono dati due sinonimi e un intruso. Elimina l'intruso, come nell'esempio.*

Riga	Aggettivo	Sinonimi/Intruso		
5	frettolosa	precipitosa	~~*premurosa*~~	avventata
21	premonitore	annunziatore	profetico	memore
22	sospetto	equivoco	diffidente	ambiguo
24	anomala	inusuale	strana	enorme
29	imminente	programmato	prossimo	incombente
39	incandescente	surriscaldato	rovente	fumante
66	scioperati	ribelli	oziosi	inoperosi
66	profittatori	fruttuosi	sfruttatori	opportunisti

Per ricordare

Osserva le due frasi estratte dal testo al punto **2a** *poi scegli l'opzione corretta.*

*Il **povero** pensionato Torquato di anni 83, si svegliò un mattina e si accorse di essere stato abbandonato.*

*Il pensionato **povero**, Torquato di anni 83, si svegliò un mattina e si accorse di essere stato abbandonato.*

L'aggettivo ***povero*** assume un significato letterale quando è
○ prima del nome. ○ dopo il nome.

L'aggettivo ***povero*** assume un significato metaforico quando è
○ prima del nome. ○ dopo il nome.

Attenzione! Anche gli aggettivi ***bello***, ***grande***, ***brutto***, ***vecchio***, ***grosso***, tra gli altri, possono avere un significato diverso secondo la loro posizione nella frase.

*Ti sei cacciato proprio in una **bella** situazione!* (in una situazione difficile)
*Passeremo le vacanze in un albergo comodo e **bello**.*

*Luigi è veramente un **grand'**uomo.* (un uomo dalle grandi qualità morali)
*Luigi ha una casa **grande** e luminosa.*

*Questo è davvero un **brutto** affare.* (un affare problematico)
*Il marito di Lucia è davvero un uomo **brutto**.*

*Angela è una **vecchia** compagna di scuola.* (di molto tempo prima)
*Angela, nonostante non superi i 50 anni, ha davvero l'aspetto di una donna **vecchia**.*

*Occuparmi della direzione dei lavori è per me una **grossa** opportunità.* (ottima opportunità)
*Andando in palestra tutti i giorno, Giovanni è diventato un ragazzo forte e **grosso**.*

3 Dove va l'aggettivo?

Accorda l'aggettivo tra parentesi al nome a cui si riferisce e inseriscilo al posto giusto (prima o dopo il nome).

Per esercitarsi

1. Conosco Pino da diversi anni, ormai è un mio ________ amico ________ *(vecchio)*.
2. Certo che Sandra è veramente una ________ ragazza ________ *(bello)*.
3. Questo lavoro, per Luisa, rappresenta un ________ inizio ________ *(nuovo)*.
4. Mi hai fatto prendere veramente un ________ spavento ________ *(bello)*.
5. Laura, sposando quel ricco imprenditore, ha fatto un _______ colpo ________ *(grosso)*.
6. Giorgio e Francesco sono veramente ________ amici ________ *(grande)*.
7. Il giorno dell'esame per me è stato veramente un ________ momento ________ *(brutto)*.
8. Alla riunione di ieri hanno partecipato ________ famiglie ________ *(numeroso)*.
9. Non preoccuparti per le analisi che devi fare in ospedale, è un ________ controllo ________ *(semplice)*.
10. Non si sa più a cosa credere: ogni giornale, riguardo alla stessa notizia, dà ________ informazioni ________ *(diverso)*.

4 Itanglese

Osserva la vignetta e le frasi tratte dal racconto al punto ***2a****. Parla con un compagno.*

Per chiacchierare

Eravamo in *stand-by* con un ticket *low cost* della Brian Air per *Sharm el Sheriff* e ci hanno fatto un *fast boarding* con preavviso di tre *hours*.

La famiglia stava da giorni in atteggiamento sospetto davanti al computer pronunciando parole come *ticket* e *reservation*.

Conosci delle parole straniere che ormai sono diventate di uso comune nella lingua italiana?

Hai mai sentito parlare di *itanglese*?

Esiste questo fenomeno anche nella tua lingua?

Quali sono secondo te le ragioni di questa tendenza?

Secondo te si dovrebbe fare qualcosa per salvaguardare la lingua o si può essere elastici e adottare termini stranieri?

a) L'italiano non piace agli italiani

Leggi il brano e inserisci negli spazi i termini stranieri della lista.

break | fashion | homepage | know-how | news | premier | shock | show | slide | strategy | Twin Towers | website

Non è una grande ___________ ma diciamocelo: parlare italiano non è più ___________; ormai il made in Italy nei media, magazine, tv channel del broadcasting network, è pieno di inglesismi.
Non fanno neanche eccezione la public company RAI, la new entry LA7 (con tanti ___________ pubblicitari) e la televisione dell'ex-leader del governo o ___________, che dir si voglia.
Dopotutto, parte di questo cambiamento non è dovuto alla fiction o agli ___________ televisivi, ma dopo gli avvenimenti ___________ negli States le "Torri Gemelle" sono diventate ___________ e molte cose nel backstage sono cambiate.
Se i vostri nonni non hanno il ___________ per capire le news di oggi, non fate i clown , ma preparate una roadmap, dove con qualche talk o ___________ gli spiegate il tax-day e l'election-day che sono solo una marketing ___________ per farti credere che tutto è cambiato con il job placement.
Internet non è da meno, ma è in parte giustificato: i ___________ nelle ___________ hanno news e sono free di scrivere cosa e come vogliono, alcuni termini come "widget" e computer-related è meglio lasciarli così (altrimenti escono fuori cose come la tv digitale che non ha nulla a che vedere con le impronte digitali), ma tutto il resto che centra?
Senza flame.

(adattato da *www.assente.vega9.com*)

b) La gara dei linguisti

Lavora con alcuni compagni e prova a trovare un termine italiano per ogni parola inglese della lista. L'insegnante sceglierà per ciascun termine la proposta migliore. Vince la squadra che avrà individuato più termini appropriati.

Parole inglesi

BACKGROUND MODEM LINK BACKUP MOBBING SCANNER MARKETING BANNER TASK FORCE MOUSE OUTLET PASSWORD

Parole italiane

____
____
____
____
____
____
____
____
____
____
____
____

Per ricordare

Trasforma il gerundio in forma esplicita e indicane l'uso, come nell'esempio.

1. Torquato si svegliò ***accorgendosi*** di essere stato abbandonato.

Torquato si svegliò e si accorse di essere stato abbandonato

☒ **uso coordinativo** ○ **uso modale** ○ **uso causale** ○ **uso temporale**

2. Torquato imprecò subito ***svegliando*** metà palazzo.

___

___

○ **uso coordinativo** ○ **uso modale** ○ **uso causale** ○ **uso temporale**

3. La famiglia stava da giorni in atteggiamento sospetto ***pronunciando*** parole come ticket e reservation.

___

___

○ **uso coordinativo** ○ **uso modale** ○ **uso causale** ○ **uso temporale**

4. Poi l'anomala presenza nel frigo di un tubetto di crema solare, che lui aveva spalmato sul pane ***credendola*** maionese.

___

___

○ **uso coordinativo** ○ **uso modale** ○ **uso causale** ○ **uso temporale**

5. Tornò ***barcollando*** a casa.

___

___

○ **uso coordinativo** ○ **uso modale** ○ **uso causale** ○ **uso temporale**

Altri usi del gerundio:

- uso concessivo

*Pur **essendo** rimasto solo, Torquato non si perse d'animo.*

- uso ipotetico

***Facendo** meno caldo, Torquato potrebbe uscire per andare al supermercato.*

6 Al pronto soccorso

Il gran caldo di quei giorni, oltre a causare tanti problemi al nostro povero Torquato, ha fatto numerose vittime. Guarda i disegni, collega le informazioni e scrivi cosa è successo, come nell'esempio.

Per esercitarsi

Cosa è successo?	Come è successo?
a. *slogarsi il braccio*	**1.** fare la doccia
b. sbucciarsi il ginocchio	**2.** tagliare il parmigiano
c. mangiare la crema solare	**3.** *cadere dalla bici*
d. prendere la scossa	**4.** scambiarla per maionese
e. bruciarsi i piedi	**5.** inseguire la mozzarella con i tentacoli
f. ustionarsi	**6.** inserire la spina del ventilatore
g. ferirsi a un dito	**7.** camminare sull'asfalto rovente

1. *Si è slogato il braccio, cadendo dalla bici.*
2. ______________________
3. ______________________
4. ______________________
5. ______________________
6. ______________________
7. ______________________

7 The end

Secondo te cosa fa Torquato? Usa la fantasia e scrivi il finale della storia.

15 Suona e si accende

1a) Che oggetto sarà mai?
Secondo te a cosa servono gli oggetti nelle foto? Parlane con un compagno.

a.

b.

c.

d.

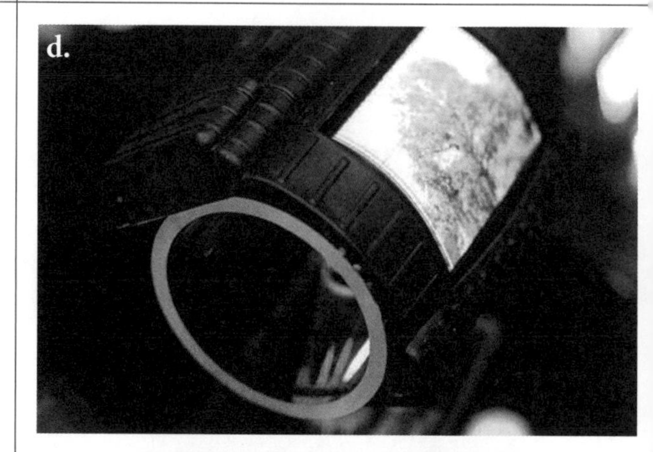

e.

f.

b) E tu quanto sei tecnologico?

Fai il test per vedere se sei "tecnologico".

1. Perché il digitale terrestre si chiama così?
- a. Perché si schiacciano i bottoni con le dita.
- b. Perché i cavi sono sottoterra.
- c. Perché non riceve dati dai satelliti.

2. Come fa un navigatore a capire dove siamo?
- a. Conta i giri delle ruote dell'auto fin dalla partenza.
- b. Riceve segnali radio.
- c. Ci spia con una telecamera.

3. Che cosa succede quando masterizziamo un cd?
- a. Un raggio laser lo brucia.
- b. Una puntina incide il cd a righe.
- c. Una penna ottica ci scrive sopra le note.

4. L'iPod è il lettore mp3 più diffuso. Ma cos'è l'mp3?
- a. Una tecnica per non pagare la musica scaricata.
- b. Un modo per comprimere i file musicali.
- c. Una tecnica per collegare l'iPod al computer.

5. Il funzionamento del radar nasce da un comunissimo fenomeno naturale. Quale?
- a. L'arcobaleno.
- b. L'eco.
- c. L'alta pressione.

6. Perché il boomerang torna indietro?
- a. Perché sfrutta il vento.
- b. Per la pressione dell'aria.
- c. Non è vero, con me non è mai tornato!

7. Come fa un frigorifero a produrre freddo?
- a. Crea una corrente di aria che raffredda i cibi.
- b. Comprime un gas.
- c. Usa una sostanza miracolosa.

8. Il forno a microonde scalda il cibo perché:
- a. Scalda il recipiente.
- b. Scalda l'aria.
- c. Scalda l'acqua contenuta nei cibi.

9. In un fax come fa un testo a viaggiare su cavo telefonico?
- a. Viene trasformato in suoni.
- b. Viene trasformato in colori.
- c. Viene trasformato in luce.

(da *Quizissimo*)

Adesso controlla le tue risposte (le soluzioni sono a pagina 131), calcola il punteggio e leggi il tuo profilo "tecnologico". Ogni risposta esatta vale 3 punti

Da 0 a 9 punti

Non sei per niente tecnologico, credi ancora che si possa comunicare attraverso due barattoli collegati da un filo.

Da 9 a 18 punti

Hai una discreta conoscenza della tecnologia, usi gli strumenti moderni purché non siano troppo complicati.

Da 18 a 27 punti

Sei super tecnologico e ogni novità rappresenta una scoperta interessante da fare.

2 L'abito del futuro

Leggi l'articolo e completa la tabella alla pagina seguente con le informazioni relative ai prototipi presentati.

Suona e si accende, il vestito del futuro

Giacche sonore, gilet dietetici: i nuovi modelli nascono qui

È l'alternativa, Made in Prato, allo zainetto dimagrante sperimentato alla Sapienza di Roma (quello che indossato ti alimenta per 10 giorni attraverso un sondino trasparente per assicurarti un dimagrimento record) ma è molto meno invasivo e, sicuramente, meno soggetto ad attacchi da parte di specialisti dell'alimentazione. Si chiama "Social security" ed è un abito che aiuta a combattere l'obesità. Funziona in maniera semplice ma sorprendente: è infatti dotato di una lucina che si accende automaticamente quando siamo seduti da troppo tempo. Così facendo ci ricorda che è arrivato il momento di fare quattro passi se non vogliamo che il grasso si depositi per eccessiva sedentarietà. Un antidoto alla pigrizia, insomma.

Il "Social security" è solo uno dei diciannove capi (sono prototipi) frutto di un progetto che si chiama *Italian experience in interaction*, messo a punto dall'Università di Firenze e dalla Camera di Commercio di Prato. Uno studio, trasformato in prodotto, finalizzato a dimostrare come un abito possa svolgere dei compiti che vanno al di là della funzione originaria se ha lo *skill* in più della tecnologia del futuro applicata al tessuto. Tra i modelli, presentati qualche giorno fa al Museo del tessuto di Prato, ora alla "Premiere Vision" di Parigi ci sono anche quelli con guida turistica incorporata. Collegàti a un GPS ti danno una serie di dritte sul luogo che si sta visitando: indicazioni, notizie e ipotesi di percorso di musei, giardini storici e città monumentali.

Poi c'è la "Flo", una giacca al cui bavero sta attaccato un LED luminoso che si attiva quando per strada si incrocia qualcuno che indossa il nostro stesso modello. E qui c'è da aggiungere una postilla. Il progetto è nato per trasformare la tecnologia del futuro in uno strumento di socializzazione. L'abito, insomma, come mezzo per abbattere pregiudizi e paure. Così in un futuro di là da venire, se intimiditi dall'incrociare uno sconosciuto per strada, sarà il nostro maglione a rendere l'incontro un po' più disteso e a riconoscere nell'ignaro passante un nostro simile. A questo proposito per i più giovani sono state create delle giacche capaci non solo di scaricare dalla rete e farci ascoltare brani musicali in formato Mp3, ma anche di inviarli al nostro vicino di marciapiede. Così, giusto per condividere un'emozione al volo.

Al progetto hanno partecipato anche una serie di aziende toscane che hanno fornito materie prime e tessuti per realizzare i capi. Sono le stesse a cui guardano i ricercatori per un'ipotesi di produzione. Per lanciare dalla Toscana e da Prato l'abito del futuro.

(adattato da *Corriere Fiorentinc*

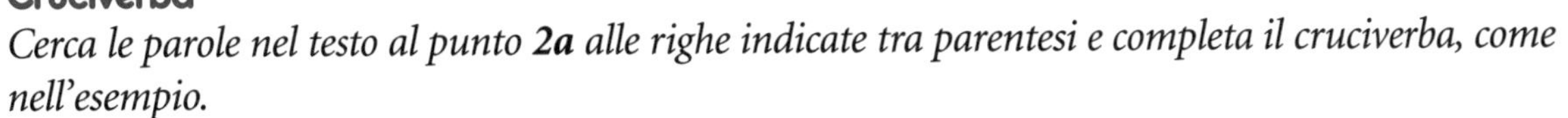

Prototipo	Caratteristiche	A chi serve	Come funziona
Social Security			
Abito con guida turistica			
Flo			
Giacca in rete			

3 Cruciverba

Cerca le parole nel testo al punto **2a** *alle righe indicate tra parentesi e completa il cruciverba, come nell'esempio.*

ORIZZONTALI ▸

1. Prendere qualcosa da Internet e metterla sul proprio computer (righe 40-45).
2. Piccolo tubicino (righe 1-5).
3. Spia luminosa (righe 30-35).
4. Stoffa (righe 20-25).

VERTICALI ▾

1. Nota, osservazione (righe 30-35).
2. Che non sa (righe 40-45).
3. Presentare sul mercato (righe 55-60).
4. Risvolto (righe 30-35).
5. Rimedio efficace (righe 15-20).
6. Che penetra producendo danni gravi (righe 5-10).

4a Espressioni idiomatiche

Osserva le frasi e rispondi alle domande.

Il "Social security" è solo uno dei diciannove capi (sono prototipi) frutto di un progetto che si chiama *Italian experience in interaction*, <u>messo a punto</u> dall'Università di Firenze dalla Camera di Commercio di Prato.

Collegàti a un gps ti <u>danno</u> una serie di <u>dritte</u> sul luogo che si sta visitando.

a. Cosa significa l'espressione *mettere a punto*?

○ terminare ○ iniziare ○ sperimentare

b. E l'espressione *dare delle dritte*?

○ fornire indicazioni ○ raddrizzare ○ rispedire

4b Mettere e dare

Collega l'espressione al significato, come nell'esempio.

Espressione	Significato
mettere a fuoco	costruire
mettere a segno	*centrare la questione*
mettere in croce	attribuire a qualcuno cose che non ha detto
mettere su	eseguire con successo
mettere bocca	far soffrire
mettere il naso	intromettersi in questioni che non ci riguardano
mettere in bocca	impicciarsi dei fatti altrui

Espressione	Significato
dare manforte	essere appariscente
dare forfait/buca	reagire in maniera esagerata
dare il la	*dare sostegno, aiuto*
dare adito	assecondare chi parla
dare spago	dare inizio
dare nell'occhio	causare, dare motivo
dare di fuori	mancare a un impegno o a un appuntamento

5 Tecnologia sì, tecnologia no.

Guarda la vignetta e leggi le due citazioni. Qual è la tua opinione? Parlane con un compagno.

Per chiacchierare

La tecnologia... è una cosa curiosa. Ti dà grandi doni in una mano, e ti pugnala alle spalle con l'altra.

(*Charles Percy Snow, da www.wikiquote.org*)

La cosa più importante in una tecnologia è come cambia le persone.

(*Jaron Lanier, da www.ilpost.it*)

Per ricordare

*Osserva queste frasi tratte dal testo al punto **2a** e indica la funzione del **participio presente**.*

*… quello che [...] ti alimenta [...] attraverso un sondino **trasparente** per assicurarti un dimagrimento record.*

○ aggettivo ○ nome ○ verbo

*…sarà il nostro maglione a rendere l'incontro un po' più disteso e a riconoscere nell'ignaro **passante** un nostro simile.*

○ aggettivo ○ nome ○ verbo

*Funziona in maniera semplice ma **sorprendente**.*

○ aggettivo ○ nome ○ verbo

Completa la coniugazione del participio presente.

Infinito	Participio presente
passare sorprendere trasparire	pass_______ sorprend_______ traspar_______

Il ***participio presente*** si usa soprattutto come sostantivo e aggettivo, pochissimo come verbo.

*I tessuti **provenienti** dalle aziende di Prato saranno utilizzati per la produzione dell'abito del futuro.*

6 Consigli per gli acquisti

Completa gli slogan pubblicitari con il participio presente dei verbi della lista.

comprendere | conservare | deodorare | dissetare | lisciare | provenire | rinfrescare | sigillare | snellire

1. ***Somatoline Cosmetic Uomo***, trattamento pancia e fianchi. Crema ____________________, dimagrisci dormendo.

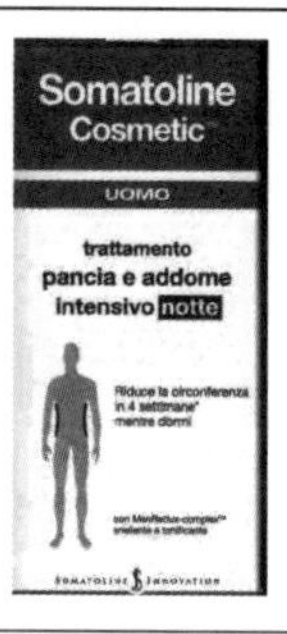

2. Idratante, luminoso, ____________________, scegli lo shampoo per te!

3. Nuovo ***Infasil*** ____________________, non copre l'odore, ma lo assorbe per eliminarlo.

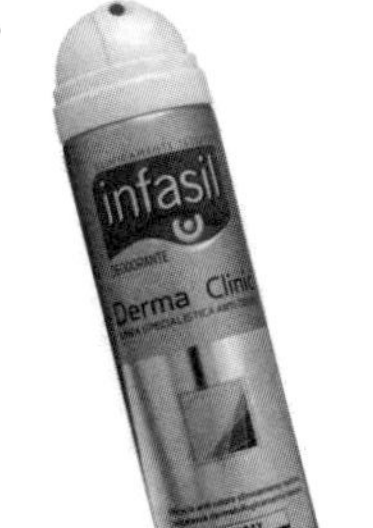

4. Il buongiorno comincia con ***Rigoni*** di Asiago. Dal 1992 la ***Rigoni*** di Asiago produce solo miele ____________________ da agricoltura biologica.

5. ***Saratoga*** è il silicone ____________________! Per fissare, isolare, sigillare.

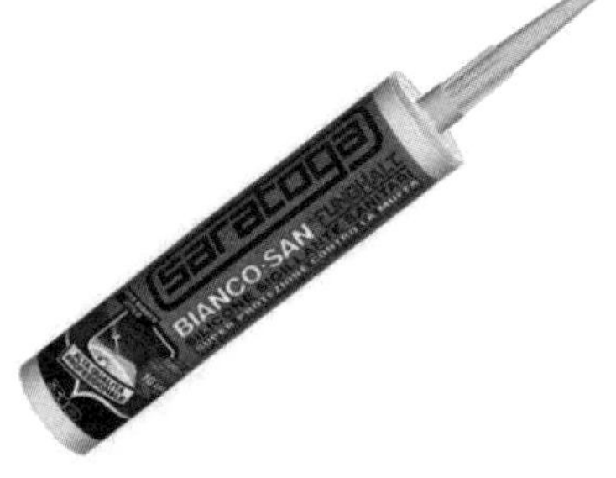

6. Grazie all'assenza di ____________________, grassi idrogenati e ingredienti OGM, è naturale che ***Kinder Cereali*** sia il preferito dagli italiani.

7. Non digerisci? Non digerisci IL TUO CAPO? Dopo il lavoro….. ***Effervescente Brioschi***: digestivo, ____________________, ____________________. Digerire semplice.

8. Il pacchetto ***Microsoft Office Starter 2010*** ____________________ i programmi Word, Excel, è scaricabile gratuitamente dal nostro sito. Non accontentarti di chi ti offre di meno!

7 L'oggetto del futuro

Immagina un oggetto che non esiste (come per esempio "il programmatore di sogni", "la giacca rilassante", ecc.) e scrivi un articolo su una rivista per presentarlo al pubblico.

Siamo felici? 2

TABELLA A

SQUADRA ____________

Stai ballando con la persona che ami.
Stai guardando un film dell'orrore.
Stai preparando una torta.
Stai mangiando in un ristorante giapponese.
Stai lavorando a maglia.

TABELLA B

SQUADRA ______________________

Stai preparando un caffè con la moka.
Stai leggendo una lettera d'amore.
Stai aspettando qualcuno che è in ritardo.
Stai facendo il bucato.
Stai aprendo una lattina di coca cola.

b

1. Perché il digitale terrestre si chiama così?
- a. Perché si schiacciano i bottoni con le dita.
- b. Perché i cavi sono sottoterra.
- c. Perché non riceve dati dai satelliti.

2. Come fa un navigatore a capire dove siamo?
- a. Conta i giri delle ruote dell'auto fin dalla partenza.
- b. Riceve segnali radio.
- c. Ci spia con una telecamera.

3. Che cosa succede quando masterizziamo un cd?
- a. Un raggio laser lo brucia.
- b. Una puntina incide il cd a righe.
- c. Una penna ottica ci scrive sopra le note.

4. L'iPod è il lettore mp3 più diffuso. Ma cos'è l'mp3?
- a. Una tecnica per non pagare la musica scaricata.
- b. Un modo per comprimere i file musicali.
- c. Una tecnica per collegare l'iPod al computer.

6. Perché il boomerang torna indietro?
- a. Perché sfrutta il vento.
- b. Per la pressione dell'aria.
- c. Non è vero, con me non è mai tornato!

7. Come fa un frigorifero a produrre freddo?
- a. Crea una corrente di aria che raffredda i cibi.
- b. Comprime un gas.
- c. Usa una sostanza miracolosa.

8. Il forno a microonde scalda il cibo perché:
- a. Scalda il recipiente.
- b. Scalda l'aria.
- c. Scalda l'acqua contenuta nei cibi.

9. In un fax come fa un testo a viaggiare su cavo telefonico?
- a. Viene trasformato in suoni.
- b. Viene trasformato in colori.
- c. Viene trasformato in luce.

5. Il funzionamento del radar nasce da un comunissimo fenomeno naturale. Quale?
- a. L'arcobaleno.
- b. L'eco.
- c. L'alta pressione.

(da *Quizissimo*)

Come diventare italiani

. *1/c*, 2/e, 3/f, 4/a, 5/d, 6/b.

. *1. un sacco;* 2. diario; 3. quoziente; 4. soprannome; 5. si ufano; 6. mastica; 7. ti squadra; 8. quotidiano; 9. schiuma.

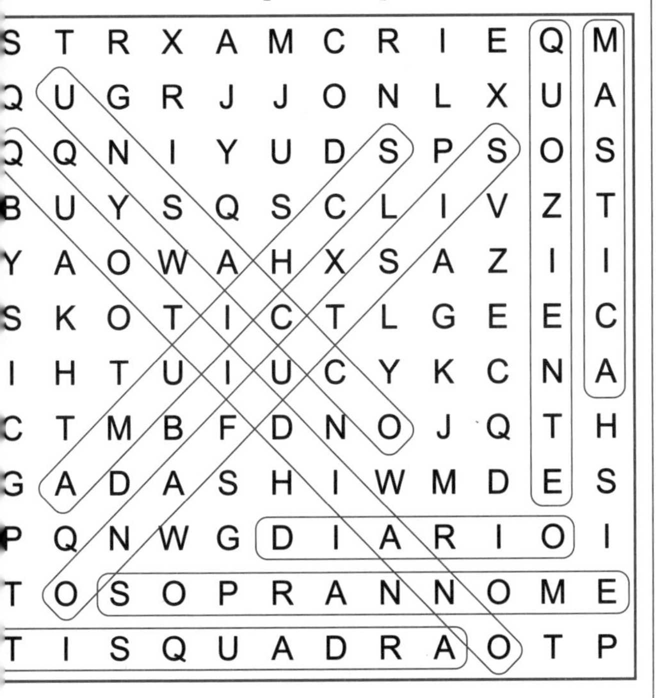

. Non è l'aspetto esteriore che qualifica una persona.

Per ricordare: Il passato prossimo dei verbi *dovere, potere, volere* si forma con l'ausiliare *essere* o *avere,* dipende dal verbo che segue.

hanno potuto, abbiamo dovuto, siamo potuti, Ho ovuto, sono dovuto, ho voluto.

Per ricordare: a. 1. Non le hanno rubato il portafoglio; 2. Non le hanno pizzicato il sedere; ***Né...né*** si usa per mettere in relazione due o più elementi con significato negativo. b. 1. Il cibo carbura il corpo; 2. Il cibo carbura l'anima; ***Sia...sia*** si usa per mettere in relazione due o più elementi con significato positivo.

1/e, Sia mia madre sia mio padre prendono il sole solamente in Africa; 2/i, A Casablanca non c'è né il presepe né albero di Natale; 3/a, Berlusconi è il capo sia dell'Italia sia ella Sardegna; 4/g, In Italia le donne possono sposare sia i uomini bianchi, sia gli uomini di colore; 5/b, erlusconi vince sia le elezioni sia le partite di calcio; 6/h, li italiani non sono né tristi né felici; 7/c, Io non voglio essere chiamato né zingaro, né rom; 8/d, Gli italiani sono sia italiani sia americani; 9/f, Gli italiani hanno inventato sia il cibo sia i vestiti.

2. Siamo felici?

1a. La felicità non è avere quello che si desidera, ma desiderare quello che si ha.

2b. *molto:* 25%; *abbastanza:* 40%; *poco:* 35%; *più salute* 37%; *più* soldi *29%*; *più* tempo *15%.*

4b. *velleitario/che non si può realizzare;* ingredienti/le cose necessarie; generico/poco preciso; egoismo/sentimento tipico di chi pensa solo a sé stesso; vizi/cattive abitudini; impegno/obbligo; fede/grandissima fiducia in un'idea; incazzati/arrabbiati; grado/livello; condivisione/partecipazione.

5. *altruismo* → *generosità*; *riconoscenza* → gratitudine; *contentezza* → gioia; *tranquillità* → serenità; *calma* → pace; *sintonia* → empatia; *rabbia* → ira; *paura* → timore; *inquietudine* → angoscia; *ribrezzo* → schifo; *egoismo* → individualismo; *rivalità* → invidia.

Per ricordare: In questa frase il verbo *saper(e)* significa **essere capace**.

Per ricordare: So... : *che Martina si è trasferita all'estero*; parlare l'italiano; dove lavora Francesco; perché Marco è sempre in ritardo; come arrivare alla stazione; quando ci sono le elezioni.

Conosco... : Napoli; il numero di telefono di Antonio; la Svizzera; l'amico di Maria; l'e-mail di Luigi; l'indirizzo di Alessandra.

Il verbo *sapere* ha come oggetto diretto una frase; Il verbo *conoscere* ha come oggetto diretto un sostantivo o un pronome.

8. 1. Io non ti **conosco**, io non **so** chi sei, **so** che hai cancellato con un gesto i sogni miei, sono nata ieri nei pensieri tuoi eppure adesso siamo insieme; 2. Vedi, si rimane in piedi, anche se tu non ci credi. Dimmi, cosa vuoi **sapere**, cosa vuoi di questo amore; 3. Un'altra vita mi darai che io non **conosco**, la mia compagna tu sarai fino a quando (io) **so** che lo vorrai; 4. C'è ancora gente che parla di sesso debole, ma non **ha conosciuto** te, però io **so** che hai un punto più sensibile che ti fa piangere per me; 5. Un'ora sola ti vorrei io che non **so** scordarti mai per dirti ancor nei baci miei che cosa sei per me. Un'ora sola ti vorrei per dirti quello che (tu) non **sai** ed in quest'ora donerei la vita mia per te; 6. E parli e scherzi e ridi. Ti siedi e poi mi escludi, sento addosso sorrisi che **conosco**, sorrisi sulla pelle. Quando eravamo terra e stelle. Adesso se tu mi vuoi e se lo vuoi lascia che io sia il tuo brivido più grande.

Per ricordare: I verbi *evidenziati* indicano un'azione in progresso nel presente. Il presente progressivo si forma con il presente del verbo *stare* + il gerundio del verbo principale.
INFINITO: *lavorare*, *perdere*, *capire*;
GERUNDIO: *lavorando*, *perdendo*, *capendo*.
La forma *stare per* + infinito indica un'azione che avverrà fra poco tempo.

9. 1. sta suonando; 2. parte, sta per arrivare; 3. è già cominciato; 4. sto frequentando; 5. va; 6. sto per uscire; 7. stanno guardando; 8. è finita; 9. sta per piovere; 10. comincia.

3. Diamo i numeri

1a. a. sacco; b. pizzico; c. monte; d. vagone; e. mondo; f. lacrima; g. dito; h. niente; i. goccia; l. *marea*.
1b. TANTO: *un sacco*, un monte, una vagonata, una marea, un mondo; **POCO**: un pizzico, una lacrima, un dito, un niente, un goccio/una goccia.
2b. al mille per cento (1000%)/completamente; in due parole/in modo essenziale; fare quattro passi/fare una breve passeggiata; tra due minuiti/fra poco tempo; avere i cinque minuti/essere arrabbiato; essere quattro gatti/essere in pochi; è successo un quarantotto/è successa una grande confusione.
3. 1. *Il proverbio è:* non c'è due senza tre e il quattro vien da sé; 2. *Il proverbio è:* chi sta seduto su due sedie cade per terra; 3. *Il proverbio è:* la vittoria ha cento padri, la sconfitta è orfana.
5. 1/*20*; 2/*1861*; 3/5; 4/17; 5/1948; 6/8 ½; 7/18; 8/100; 9/7; 10/4; 11/25; 12/2; 13/1492; 14/1000; 15/1; 16/14.

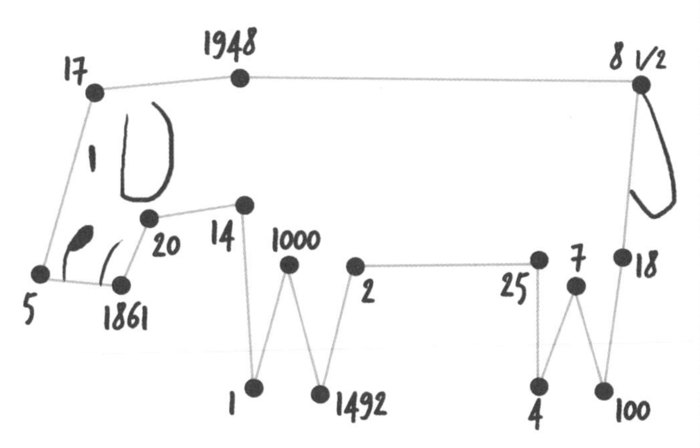

Meglio un giorno da leone che cento da pecora.

Per ricordare: Il verbo *dovrebbe* esprim incertezza. **arrivare:** *io arriverei*, *tu arriveresti*, *lui/lei arriverebbe*, *noi arriveremmo*, *voi arrivereste*, *loro arriverebbero*; **credere:** *io crederei*, *tu crederesti*, *lui/lei crederebbe*, *noi crederemmo*, *voi credereste*, *loro crederebbero*; **finire:** *io finirei*, *tu finiresti*, *lui/lei finirebbe*, *noi finiremmo*, *voi finireste*, *loro finirebbero*.

6. a/3; b/2; c/4; d/1; e/1; f/3; g/3; h/1; i/2.
7. 1. potrebbe; 2. smetterei; 3. Sarebbe; 4. dovresti; potrebbe; 6. Farei. 1/c; 2/f; 3/b; 4/d; 5/a; 6/e.

Per ricordare: *Arriveremo* è futuro. **arrivare** *tu arriv*-erai, *voi arriv*-erete; **dovere:** *io dov*-rò *lui/lei dov*-rà, *noi dov*-remo, *loro dov*-ranno.

8.

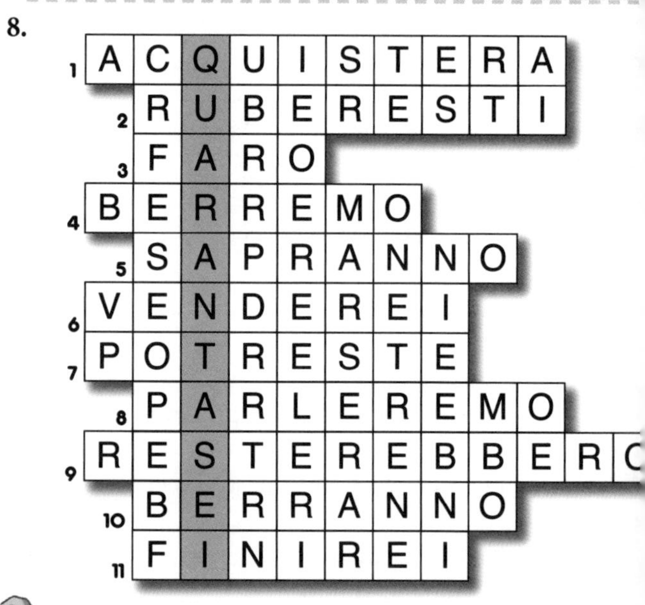

Per ricordare: Quando significa **nel momento in cui; Se** significa **nel caso in cui.**

9. 1. Se; 2. quando; 3. Se; 4. Se; 5. quando; 6. Se; 7. Quand 8. Se.

4. Le nuove religioni

1b. a. body suspension; b. pilates; c. feng shui; d. antigra ity; e. vegan; f. yoga.
2b. ***Zero Relativo:*** *Come funziona?* I "barter" vivono tr mite baratti e scambi, *Qual è l'obiettivo?* Non ricorrere m al denaro; ***antigravity yoga:*** *Come funziona?* È una forn di yoga che si pratica sospesi per aria, *Qual è l'obiettiv* Migliorare il sonno, rilassare i muscoli e riattivare il met

lismo; ***body suspension:*** *Come funziona?* Si rimane spesi per aria per mezzo di uncini conficcati nella pelle, *ual è l'obiettivo?* Separare la coscienza dal corpo.
equilibrio/stabilità; meditare/riflettere; alle prese/impeato; tiene a bada/controlla; si arrangia/si adatta; appesospesi; metabolismo/il meccanismo di funzionamento l corpo umano; modificazione/cambiamento; perforarbucarsi; tentativi/prove; monoteista/che ha un solo dio.

Per ricordare: Che reazioni avete **davanti a** tutti quelli che si svegliano, si trovano "fuori equilibrio" e passano ore a rendersi "centrati"?; Ci sono i quindicimila italiani di Zero Relativo, centro propulsivo **vicino a** Pesaro; ...chi può invece va dal *personal trainer* oppure dal proprio guru di *pilates-oga-wellness-fitness...* o si spinge **oltre.**
.e parole mancanti sono preposizioni improprie che ndicano la posizione o la direzione di qualcosa o di ualcuno rispetto a un punto di riferimento.

Piano terra: Non posizionare il divano **davanti a** una arete; Posizionare il tavolo del soggiorno **di fronte all'**enata; Mettere il tavolo della cucina **davanti a** una finestra; ollocare la libreria all'angolo **alla sinistra del** divano. **imo piano:** Posizionare la testata del letto **contro** una arete; Non posizionare la scrivania **davanti a** una finera; In camera da letto mettere la poltroncina **di fronte l'**armadio; Mettere la poltroncina nella stanza relax **avanti a** una finestra.

Per ricordare: Il verbo *fare* seguito da un infinito indica un'azione che il soggetto non compie direttamente, ma fa compiere a qualcun altro; Quando si trova prima di un altro verbo all'infinito, il verbo *fare* perde la ***-e*** e diventar ***far***; Quando il verbo *fare* è usato insieme ai verbi *potere/dovere/volere* il pronome atono si trova prima del verbo *potere/dovere/volere* oppure forma una sola parola con il verbo *fare* dopo che questo ha perso la ***-e*** finale; Quando il verbo *fare* non è all'infinito il pronome atono si trova prima del verbo.

Lunedì: *Deve far controllare la batteria della macchina*; **Martedì:** Vuole farsi fare un massaggio dal fisioterapista; **Mercoledì:** Vuole farsi tagliare i capelli dal parrucchiere; **Giovedì:** Deve farsi allargare la gonna dalla sarta; **Venerdì:** Deve far tagliare l'erba al giardiniere; **Sabato:** Vuole far comprare i fiori a Giacomo; **Domenica:** Vuole far preparare a Giacomo una bella cenetta per loro due.
8. 1. Manubri; 2. Essere a dieta; 3. Idromassaggio; 4. Dimagrire; 5. Sauna finlandese; 6. Abbronzarsi; 7. Bagno turco; 8. Fare una doccia; 9. Maschera di bellezza.

5. Facciamolo all'americana

1a. catino/camino, M; *soldi/saldi, A*; cono/tono, T; avena/arena, R; baci/bici, I; barca/marca, M; latteria/lotteria, O; vaso/naso, N; carne/carie, I; figlie/foglie, O. MATRIMONIO.
2b. *1/a,;* 2/b; 3/c; 4/c; 5/b.
3.

Per ricordare: Il superlativo relativo si forma con articolo determinativo + nome + ***più/meno*** + aggettivo + ***di/tra...***

5. *1/c, Il Garda è il lago più grande d'Italia*; 2/a, La Gioconda è il quadro più famoso di Leonardo da Vinci; 3/h, A Bologna c'è l'università più antica del mondo; 4/f, Gianna Nannini è la cantante rock più conosciuta all'estero tra i rocker italiani; 5/i, La Scala è il teatro più importante di Milano; 6/d, Il Monte Bianco è il monte più alto d'Europa; 7/b, Il Chianti è il vino più conosciuto tra quelli toscani; 8/g, La Pietà è la statua più bella di Michelangelo; 9/e, Il Po è il fiume più lungo d'Italia.

Per ricordare: *Meglio* è il comparativo di **bene**; *Migliore* è il comparativo di **buono**. Il contrario di ***meglio*** è ***peggio***; Il contrario di ***migliore*** è ***peggiore***.
Nella frase sopra *meglio* modifica un **verbo**. Nella frase sopra *migliori* modifica un **nome**.

6. meglio/bene, migliore, bene, buoni, Meglio, migliore, bene/meglio, migliori, peggio, migliore, bene/meglio, peggiore, migliore, migliori/buoni.

6. Aprite a pagina 99 e...

1a. 1/storico; 2/sentimentale; 3/fantasy; 4/sentimentale.
1b. TRAMA, COPERTINA, INCIPIT, AUTORE, RECENSIONE, EDITORE, LETTORE, MANOSCRITTO.
1c. Canale Mussolini: *Su* questa terra nuova di zecca, bonificata dai progetti ambiziosi del Duce e punteggiata di città appena fondate, vengono fatte insediare migliaia di persone arrivate dal Nord; **Bambini nel bosco:** *Un giorno* i ragazzi convinti da uno di loro, Tom, si spingono nel bosco per esplorare il mondo di fuori. Ma ben presto nel gruppo si...; **La solitudine dei numeri primi:** Alice soffre di anoressia, Mattia ha una malsana attitudine all'autolesionismo. Le loro esistenze si incroceranno, e si scopriranno strettamente uniti...; **Acciaio:** Quando il corpo adolescente inizia a cambiare, a esplodere sotto i vestiti, in un posto così non hai alternative: o ti nascondi e resti tagliata fuori, oppure sbatti in faccia agli altri la tua bellezza...
2b. 1/La solitudine dei numeri primi; 2/Canale Mussolini; 3/Acciaio; 4/Bambini nel bosco.
3. Vestiti: berretto, tuta da lavoro, calzoncini; **Armi:** pistole, fucili, moschetti, mitragliatrici, pugnale, bombe a mano; **Cibo:** costolette, frullato, salami, prosciutti, dolce; **Parti del corpo:** fianchi, stomaco, pancia, mano, interiora, petto, mano, coscioni; **Parole intruse:** segno, tranciacavi, roba, emozione, guerra, aria. Premio STREGA.
4.

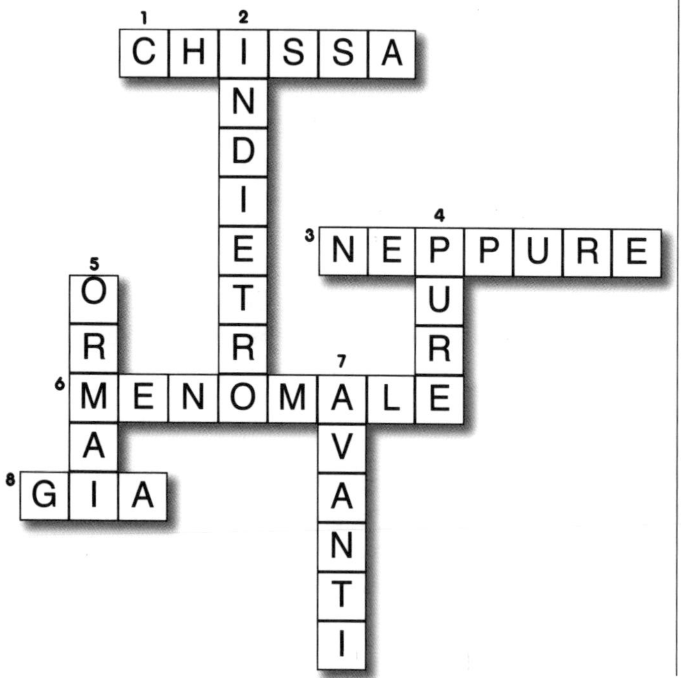

Per ricordare: Gli avverbi servono per modificare o precisare meglio un aggettivo, un verbo, un altro avverbio e sono invariabili.

5. 1. *tanta/aggettivo*; 2. troppo/avverbio; 3. poche/aggettivo; 4. molte-tante/aggettivo; 5. molta-tanta, troppa/aggettivo; 6. troppo/avverbio; 7. molto-poco/avverbio, poco molto/avverbio; 8. poco/avverbio.
7. Imperfetto: *era*, assomigliava, erano, andavano, giravano, camminavano, giravano, erano, era, indossava, vedeva, sfiderava, faceva, aveva, Era, sapevano, poteva, poteva, er **Passato remoto:** *si piegò*, Si tenne, si strinse, chiese, pigolò, svuotò, si tirarono, cercò, si riempì, si issò, comment evitò; **Trapassato prossimo:** *si era arrampicato*, aveva arrot lato, si era portato, aveva raccontato, aveva fatto, era stat
9. *Riportiamo di seguito la versione originale del testo:* pre si tuffò, Nuotò, Si abbandonò, chiuse, Sentiva, portav Pensò, Alzò, Vide, si scrollava, Era, andarono, aveva decis aiutava, aveva organizzato, aveva sentito, aveva provat Prese, Guardava, nuotava, tornava, prendeva, si immergev

7. Fuori moda

1b. 1/d'amore; 2/sociale; 3/personale; 4/politico; 5/socia 6/personale; 7/politico; 8/personale.
2b. *A Milano c'è un albero con una scritta politica, orm quasi coperta dalle foglie*; L'autore denuncia l'eccessi individualismo e l'assenza di valori condivisi tra i giovan Il giornalista si chiede come mai ci siano così pochi slog politici; L'autore decide di fare una ricerca per le vie Milano; Lui si interroga sul perché oggi le scritte riguard no solo il singolo individuo o al massimo due innamora
3. *La risposta è soggettiva. Proponiamo di seguito una possibile soluzione: ruvido/ la pelle, il legno, una superficie*; chiaro/un colore, una spiegazione, un testo; regolare/la vita, ritmo, un verbo; debole/una spiegazione, i muscoli, u sentimento; malato/una visione, un amore, un sistem sedentario/la vita, lo stile, una vacanza; giovane/un ritm una musica, un amore; fermo/una decisione, il carattere, personalità; comprensibile/un atteggiamento, un provv dimento, una reazione; rustico/lo stile, una casa, un piatt credibile/un'affermazione, una supposizione, una previsi ne; segreto/un amore, una relazione, un documento.

Per ricordare: *Incomprensibile* deriva dal verbo **comprendere**, *incredibile* deriva dal verbo **credere**; *sopportabile* → sopportare; *spendibile* → spendere, *udibile* → udire; Il significato del suffisso *–bile* è **che si può**; amare → amabile → -a-bile; leggere → leggibile → -i-bile; agire → agibile → -i-bile.

. 3MSC: tre metri sopra il cielo; TVTB: ti voglio tanto bene.
. *tat/ti amo tanto*; dv/dove; xché/perché; qcn/qualcuno; vt/privato; dgt/digiti; c6?/ci sei?; PDA/perfettamente d'accordo; mex/messaggio; vbb/va bene (vabbé).
. c6, dgt, qcn, mex, tat, PDA, pvt, vbb, xké, dv.
. 1. di; 2. a; 3. a.
. *cercare* di + *infinito*; ***limitarsi*** a + *infinito*; ***continuare*** + *infinito*. **DI:** *avere bisogno,* ricordarsi, finire, decidere, consigliare, dire, sperare, chiedere, accettare, preoccupar-, avere voglia, smettere, temere, credere, terminare, avere paura, suggerire; **A:** *cominciare*, abituarsi, aiutare, metter-, imparare, andare, venire, fermarsi, invitare, passare, insegnare, divertirsi, continuare.

Per ricordare: Dopo i verbi che indicano l'inizio di un'azione si usa la preposizione **a**; Dopo i verbi che indicano la continuazione di un'azione si usa la preposizione **a**; Dopo i verbi che indicano la fine di un'azione si usa la preposizione **di**; Dopo i verbi di movimento si usa la preposizione **a**; Dopo i verbi composti da ***avere + sostantivo*** si usa la preposizione **di**.

. Vita da precaria

. 1. BUSTA PAGA; 2. DETERMINATO; 3. FISSO; 4. IMPEGNATIVO; 5. NERO; 6. PART TIME; 7. PRECARIO; REMUNERATIVO; 9. STIPENDIO; A TEMPO PIENO.

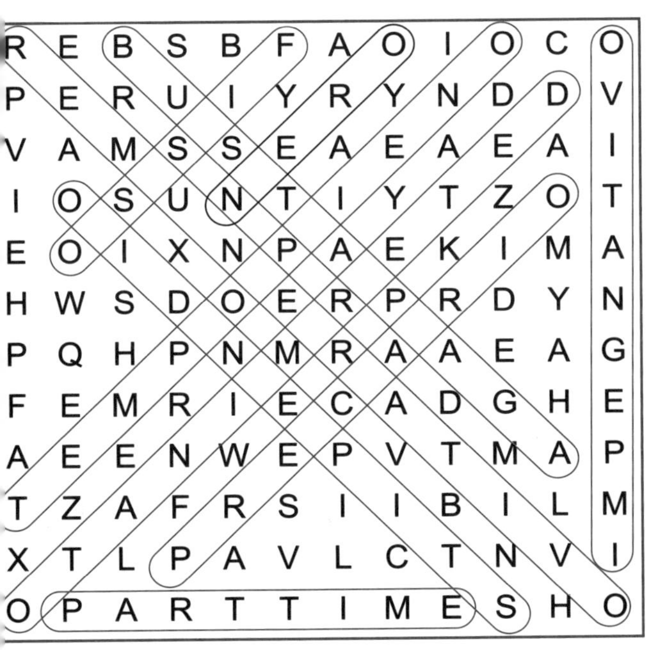

3. *redattrice/lavoro*; quinte/spettacolo; riflettori/spettacolo; fabbrica/lavoro; a catena/lavoro; operai/lavoro; a progetto/lavoro; netto/lavoro.
5. 1/SCHERZI?! PRIMA C'È LA VECCHIAIA SENZA PENSIONE; 2/A QUESTO PUNTO LAUREA E MASTER LI METTEREI FRA GLI HOBBY; 3/OK! MA QUANDO INIZIAMO?; 4/ANCH'IO, PERÒ MI SONO ORGANIZZATO; 5/SONO SINGLE E DISOCCUPATA; 6/ORGANIZZIAMO UNA CACCIA AL TESORO.
6a. *Il verbo* ***entrarci*** *significa* essere attinente.
6b. mettercela tutta/usare tutte le proprie energie; metterci/usare, impiegare; farcela/riuscire in un'impresa; *volerci/essere necessario*; cavarsela/uscire da una situazione, riuscire abbastanza bene in qualcosa; prendersela/arrabbiarsi; sentirsela/avere il coraggio, la capacità di fare qualcosa; fregarsene/non dare per niente importanza; andarsene/andare via da un posto; avercela/essere arrabbiato con qualcuno.

Per ricordare: farcela: *tu* ce la *fai*, *lui/lei* ce la *fa*, *voi* ce la *fate*, *loro* ce la *fanno*; **prendersela:** *io* me la *prendo*, *lui/lei* se la *prende*, *noi* ce la *prendiamo*, *loro* se la *prendono*; **andarsene:** *tu* te ne *vai*, *noi* ce ne *andiamo*, *voi* ve ne *andate*, *loro* se ne *vanno*; **metterci:** *io* ci *metto*, *lui/lei* ci *mette*, *noi* ci *mettiamo*, *voi* ci *mettete*.

7. *1/c*, 2/e, 3/a, 4/b, 5/d; 1. *ce la mettono tutta*; a. Ci vuole; c. ce l'hanno; d. se la sente; e. se la cava.
8. 1/b; 2/a; 3/a; 4/b; 5/b; 6/b.
9. ce la mettete/ce la state mettendo, prendetevela, ce la faranno, ve la cavate, ve la sentite, ve ne frega, ci vogliono.
10. lavoro, laureato, tempo indeterminato, azienda, cassa integrazione, contratto, settore turistico, netti, ferie, cifra.

9. L'intervista impossibile

2b. *Affermazioni presenti nel testo al punto 2a:* 2, 5, 6.
3. *rintracciare/trovare*; latita/si nasconde; afflitta/molto triste; è sotto gli occhi di tutti/tutti possono vedere; infierire/insistere per far male; presunta/ipotizzata; si scompone/perde il controllo; acciacco/leggero malanno; ci può stare/è possibile; fa capolino/si fa vedere; deturpato/rovinato; un duro colpo al cuore/un dolore; pasticcione/confusionario.

Per ricordare: *tristemente* → triste, *veramente* → vero, *facilmente* → facile, *particolarmente* → particolare; *veloce*, triste, vero, modesto, naturale, particolare; Gli aggettivi che terminano in *-e* formano l'avverbio aggiungendo ***-mente***; Gli aggettivi che terminano in *-o* formano l'avverbio sostituendo la ***o*** con una ***a*** e aggiungendo ***-mente***; Gli aggettivi che terminano in *-re* e *-le* formano l'avverbio eliminando la ***e*** e aggiungendo ***-mente***.

5. Avverbi esistenti: duramente, attentamente, nettamente, tranquillamente, eternamente, avidamente, leggermente, ingenuamente, giustamente, inutilmente, effettivamente, ruvidamente, inevitabilmente. DANTE ALIGHIERI.

6. 1. ripetutamente, 2. efficacemente, 3. globalmente, 4. facilmente, 5. lentamente, 6. nervosamente, 7. recentemente, 8. gratuitamente, 9. spontaneamente, 10. direttamente.

7. 1. richiesta/volontà/comando; 2. paura, timore; 3. sorpresa; *4. opinione*; 5. attesa; 6. dubbio; 7. speranza; 8. gradimento/non gradimento; 9. sentimento; 10. desiderio.

Per ricordare: Molti verbi irregolari al congiuntivo presente hanno alla prima, seconda, terza persona singolare e alla **prima** persona plurale la stessa radice della **prima** persona **singolare** dell'indicativo presente.

9. dovessi, attendano, sia, capiti, sbaglino, corra, produca, regga, siamo, pensi/abbia pensato.

10. Siamo al verde

1b. Siamo rimasti senza soldi.

2b. 1. (1) *In passato era difficile avere soldi in prestito;* 2. (4) In questa nuova situazione resiste solo il credito finalizzato; 3. (5) Il problema attuale è l'incapacità di restituire i prestiti; 4. (3) La recessione ha fatto precipitare il credito al consumo; 5. (2) Successivamente si è registrato un aumento dei consumi e del ricorso al credito.

2c. 1. nera/g; 2. bianco/d; 3. *verde/h*; 4. blu/a; 5. rosso/i; 6. azzurro/f; 7. nero/l; 8. bianca/c; 9. rosa/b; 10. nero/c.

3a. ELETTRODOMESTICI, DERIVA, RICORREVA, SOTTOMESSA, ASCESA, SI TAGLIA, DISGRAZIE.

3b. 1. età dell'oro; 2. si sono trasformate da formiche in cicale; 3. la musica è cambiata; 4. hanno stretto la cinghia.

3c. 1. disgrazie; 2. la musica è cambiata; 3. età dell'oro; 4. ascesa; 5. deriva; 6. ricorreva.

5.

1 RECESSIONE
3 CREDITO AL CONSUMO
4 CASSA INTEGRAZIONE
5 INSOLVENZE
6 BANCAROTTE
7 PIGNORAMENT
8 RATE
9 IPOTECARE
10 PROTESTI

Per ricordare: Alcuni verbi (*cominciare, finire, salire, scendere, passare, aumentare, diminuire, vivere*) usano nei tempi composti l'ausiliare *essere* quando non hanno oggetto diretto l'ausiliare *avere* quando sono seguiti da un oggettc diretto.

6. hanno cominciato, sono aumentati, è sceso, hanno cambiato, è diminuita, ha salvato, sono cresciuti, sono sali sono aumentati, è continuato, hanno lasciato, sono vola

Per ricordare: popolare/*popolo*/-are; comportamentale/comportamento/-ale; economico/economia/*-ico*.

puntuale, gastronomico, promozionali, settimanali, ›logiche, economici, stagionali, naturale, alimentari, ›nali.

Viaggio in Italia

. 1. *Gli uomini italiani sono sempre esageratamente ›ponibili nei confronti delle belle donne*; 2. È piuttosto nsueto che gli italiani sconvolgano ogni norma di eduzione stradale; 3. Mettersi a letto in un albergo italiano ıò essere molto difficile; 4. Pur essendo complicato ientarsi in Italia non è difficile trovare aiuto da parte gli italiani; 5. La peculiarità degli italiani è fare colazio- in piedi prendendo un caffè e una pasta.

:olazione: 5; **Nel traffico:** 2; **Nel caos quotidiano:** 4; **Con le ›nne:** *1*; **A letto (soli):** 3.

. *decoroso/dignitoso*; peculiarità/particolarità; incoluità/integrità; vettura/automobile; conducente/autista; ›ologo/corrispondente; scordare/dimenticare; tedio- ’noiosa; salpare/partire in nave; contromano/in direzione ›ersa; brizzolato/con i capelli grigi; si ostina/persevera; damente/in modo forte, sicuro; aggrovigliarsi/intricarsi.

. arrivare al sodo/ affrontare subito la situazione; avere :uore/tenere a qualcosa; filare liscio/andare bene; entra- da primadonna/fare il protagonista; avere un gran ore/essere generoso; attaccare bottone/trattenere qual- no parlando molto; avere una marcia in più/avere un ›ntaggio sugli altri.

›.

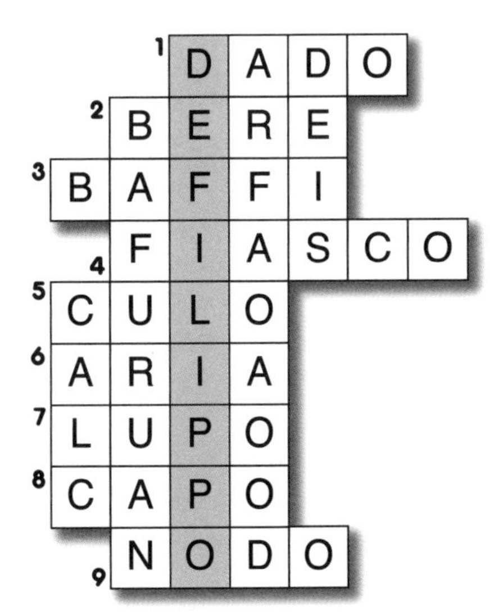

avventuratevi, mettete, aspettatevi, (non) siate, chiedete, ›mandate, interrogate, spiegate, invocate, procuratevene, ›rtatevi.

Per ricordare: *avventuratevi/avventurati/si avventuri*; mettete/metti/metta; aspettatevi/aspettati/si aspetti; non siate/non essere/non sia; chiedete/chiedi/chieda; domandate/domanda/domandi; interrogate/interroga/interroghi; spiegate/spiega/spieghi; invocate/invoca/invochi; procuratevene/procuratene/se ne procuri; portatevi/portati/si porti. Con le forme ***tu*** e ***voi*** i pronomi sono dopo il verbo; Con la forma ***Lei*** i pronomi sono prima del verbo.

6. *a, e*, i, h, f, l, b, d, c, g.

7a. 1. *come se*; 2. sebbene; 3. senza; 4. nel caso in cui; 5. pur; 6. però.

7b. Invece, anche se, visto che, senza, ma, neppure, ma, Se, invece, cioè.

12. Vita da cani

2b. *Anche noi soffriamo il caldo/Cane*; Stare soli per tanto tempo non è tanto bello/Cane; Finalmente ho attirato la sua attenzione/Cane; Certo che non ha un bell’aspetto/Ragazza; Bisognerebbe non pensarci ma è difficile/Ragazza; Non so che tipo di approccio avere/Ragazza; È tutto il giorno che ho a che fare con esseri un po’ squilibrati/Cane; Non mi lasciare/Ragazza.

3a. TIRARE I REMI IN BARCA.

3b. un corno; a zonzo; mollarti; scialba; gironzolando; spelacchiato; a istinto; rovisto.

Per ricordare: *1/a, di noi cani*; 2/a, di questa cosa (prendere tempo gironzolando sul posto); 3/c, verbo pronominale ***andarsene***; 4/d, di umani psicotici; 5/b, dal parco; Il ***ne*** va prima di un verbo coniugato, dopo di un infinito, prima e dopo di ***potere*** + infinito, ***dovere*** + infinito, ***volere*** + infinito; Quando in una frase c’è ***ne***, il participio passato si accorda con il genere (maschile/femminile) e il numero (plurale/singolare) della quantità espressa.

4. *Mi chiamo Asia* e sono una meticcia di un anno. Vivo legata ad un albero, da quando i miei padroni sono stati costretti a lasciare la loro casa per cercar**ne** un’altra. **Ne** hanno trovata una in città, ma io non sono stata accettata dai proprietari. Loro non amano i cani e non vogliono nemmeno sentir**ne** parlare. I miei padroni si rendono conto della situazione, ma non sanno come venir**ne** fuori e come aiutarmi. Il posto dove vivo non è per niente idoneo alle mie necessità, con pochissimo spazio per muovermi e una cuccia rimediata. Cibo e acqua non mi mancano: i miei padroni **ne** portano a sufficienza, ma non hanno tempo di portarmi a spasso e sono costretti a tenermi legata nel piazzale usato come parcheggio con una catena corta per non farmi arrivare alle macchine. Non posso continuare così. Fra poco arriverà il brutto tempo e io, in queste condizioni, **ne** subirò tutte le conseguenze. Il riparo che ho a disposizione non mi permette di proteggermi bene e poi mi manca l'affetto e il calore di un amico sincero. Una casa vera e tanto amore... **Ne** ho tanto bisogno! Aiutatemi a vivere… altrimenti non so cosa ne sarà di me!

Per ricordare: Dopo il pronome relativo *che* si usa l'indicativo se la frase esprime un fatto reale, certo; Dopo il pronome relativo *che* si usa il congiuntivo se la frase esprime un requisito, una caratteristica necessaria.

6. 1. abbia; 2. sia, abitano; 3. possa, subirà/ha subito; 4. va; 5. ami, passi, sia.

13. I labirinti del consumo

1a. a/2, b/4, c/3, d/5, e/6, f/1.
2b. 1/b, 2/c, 3/c; 4/a.
3. Intrusi: *progressisti*, in scena, favore, invitati, affiancate, sottile, andare di fretta, coda, dunque, trincee, sfiducia.
5.

1 PISTACICLABILE
2 CENTROCOMMERCIALE
3 SOTTOPASSAGGIO
4 CORSO
5 AIUOLA
6 MARCIAPIEDE
7 TRAVERSA
8 PANCHINA
9 INCROCIO
10 STRISCEPEDONALI

Per ricordare: Il pronome *che* sostituisce u soggetto; Il pronome *che* sostituisce u oggetto diretto; Il pronome *cui* sostituisce u oggetto indiretto; Il pronome *cui* è precedut dalla preposizione senza l'articolo.

6. che, che, che, fra/tra cui, che, in cui, che, su cui, cl che, a cui, da cui, in cui, che.

14. Torquato abbandonato

2b. Intrusi: *premurosa*, memore, diffidente, enorme, pr grammato, fumante, ribelli, fruttuosi.

Per ricordare: L'aggettivo *povero* assum un significato letterale quando è dopo nome; L'aggettivo *povero* assume un signifi cato metaforico quando è prima del nome.

3. 1. vecchio amico; 2. bella ragazza; 3. nuovo inizio; bello spavento; 5. grosso colpo/colpo grosso; 6. gran amici; 7. brutto momento; 8. numerose famiglie/fan glie numerose; 9. semplice controllo; 10. informazio diverse.

5a. news, fashion, break, premi show, shock, Twin Towers, know-ho slide, strategy, website, homepage.

Per ricordare: 1. *Torquato si svegliò e s accorse di essere stato abbandonato/uso coor dinativo*; 2. Torquato imprecò subito e svegli mezzo palazzo/uso coordinativo; 3. La famiglia stav da giorni in atteggiamento sospetto mentre pronun ciava parole come *ticket* e *reservation*/uso temporale 4. Poi l'anomala presenza nel frigo di u tubetto di crema solare, che lui aveva spalma to sul pane perché la credeva maionese/cau sale; 5. Tornò barcollando a casa/uso modale

6. a/3, *Si è slogato il braccio cadendo dalla bi* b/5, Si è sbucciata il ginocchio inseguendo mozzarella con i tentacoli; c/4, Ha mangiato crema solare scambiandola per maionese; d, Ha preso la scossa inserendo la spina del ve atore; e/7, Si è bruciato i piedi camminando sull'asfal- rovente; f/1, Si è ustionato facendo la doccia; g/2, Si è rita ad un dito tagliando il parmigiano.

. Suona e si accende

. a/ orologio; b/bilancia; c/pesi per fitness; d/schermo da lso; e/separatore per uova (separa il tuorlo dall'albu- e); f/imbuto pieghevole.

. 1/c, 2/b, 3/a, 4/b, 5/b, 6/b, 7/b, 8/c, 9/a.

. *Social Security* - **Caratteristiche:** È meno invasivo dello inetto dimagrante; **A chi serve:** A chi deve combattere besità; **Come funziona:** È dotato di una lucina che si cende automaticamente quando siamo seduti da troppo mpo.

ito con guida turistica - **Caratteristiche:** Dà informazio- turistiche; **A chi serve:** Ai turisti; **Come funziona:** È colle- to al GPS.

o - **Caratteristiche:** Permette di socializzare; **A chi serve:** Ai nidi; **Come funziona:** Il LED si illumina quando incrocia a giacca dello stesso modello.

iacca in rete - **Caratteristiche:** Permette di scaricare musi- da Internet e di scambiarla con i vicini; **A chi serve:** Ai ovani; **Come funziona:** Si collega alla rete per scaricare usica in formato MP3.

. L'espressione *mettere a punto* significa terminare. espressione *dare delle dritte* significa fornire indicazioni.

. *mettere a fuoco/centrare la questione*; mettere a gno/eseguire con successo; mettere in croce/far soffrire; ettere su/costruire; mettere bocca/intromettersi in que- oni che non ci riguardano; mettere il naso/impicciarsi i fatti altrui; mettere in bocca/attribuire a qualcuno cose e non ha detto; *dare manforte/dare sostegno, aiuto*; dare rfait-buca/mancare ad un impegno o a un appuntamen- to; dare il la/dare inizio; dare adito/causare, dare motivo; dare spago/assecondare chi parla; dare nell'occhio/essere appariscente; dare di fuori/reagire in maniera esagerata.

Per ricordare: *trasparente*/aggettivo; *passante*/nome; *sorprendente*/verbo; passare/pass-ante, sorprendere/sorprend-ente, trasparire/traspar-ente.

6. 1. snellente; 2. lisciante; 3. deodorante; 4. proveniente; 5. sigillante; 6. conservanti; 7. dissetante, rinfrescante; 8. comprendente.